"十二五"国家重点图书出版规划项目
交通运输建设科技丛书·水运基础设施建设与养护

西江黄金水道通过能力提升关键技术

杜敬民　庞雪松　主编

人民交通出版社股份有限公司
China Communications Press Co.,Ltd.

内容提要

本书紧密结合西江航行水流条件特性,根据已建和拟建枢纽通航设施的特点,系统性的研究了多梯级多线船闸联合调度、中间渠道尺度设计、枢纽下游脱水段航道整治等问题,提出了西江航运干线的高等级航道标准,相关成果已得到应用检验。

本书内容具有很强的操作性和指导性,适用于工程设计人员和科研人员,同时对相关工作管理人员也有一定的指导意义。

图书在版编目(CIP)数据

西江黄金水道通过能力提升关键技术 / 杜敬民,庞雪松主编. — 北京:人民交通出版社股份有限公司,2015.11

ISBN 978-7-114-12641-3

Ⅰ.①西… Ⅱ.①杜… ②庞… Ⅲ.①西江—船闸—过闸能力—研究 Ⅳ.①U641.7

中国版本图书馆 CIP 数据核字(2015)第 278822 号

"十二五"国家重点图书出版规划项目
交通运输建设科技丛书·水运基础设施建设与养护

书　　名	西江黄金水道通过能力提升关键技术
著 作 者	杜敬民　庞雪松
责任编辑	曲　乐　李　瑞
出版发行	人民交通出版社股份有限公司
地　　址	(100011)北京市朝阳区安定门外外馆斜街 3 号
网　　址	http://www.ccpress.com.cn
销售电话	(010)59757973
总 经 销	人民交通出版社股份有限公司发行部
经　　销	各地新华书店
印　　刷	北京鑫正大印刷有限公司
开　　本	787×1092　1/16
印　　张	9.75
字　　数	215 千
版　　次	2016 年 3 月　第 1 版
印　　次	2016 年 3 月　第 1 次印刷
书　　号	ISBN 978-7-114-12641-3
定　　价	35.00 元

(有印刷、装订质量问题的图书由本公司负责调换)

交通运输建设科技丛书编审委员会

主　任：庞　松
副主任：洪晓枫　袁　鹏
委　员：郑代珍　林　强　付光琼　石宝林　张劲泉　赵之忠
　　　　费维军　关昌余　张华庆　蒋树屏　沙爱民　郑健龙
　　　　唐伯明　孙立军　王　炜　张喜刚　吴　澎　韩　敏

本书编委会

主　编：杜敬民　庞雪松

编　委：李旺生　曹民雄　朱　静　刘俊涛　雍清赠　张澍宁
　　　　蔡国正　李华国　张　钊　赵家强　林立新　潘荣友
　　　　王秀红　谢　瑞　普晓刚　马爱兴　韦　扬　韦巨球
　　　　林卫东　刘　臣　李　焱　朱荣棋　王　勇　朱伟强
　　　　梁秀忠　黄庆锋　黄翔宇　李少希　王洪生　王　堂
　　　　乔华倩　李富萍

总　序

近年来，交通运输行业认真贯彻落实党中央、国务院"稳增长、促改革、调结构、惠民生"的决策部署，重点改革力度加大，结构调整积极推进，交通运输科技攻关不断取得突破，促进了交通运输持续快速健康发展。目前，我国公路总里程、港口吞吐能力、全社会完成的公路客货运量、水路货运量和周转量等多项指标均居世界第一。交通运输事业的快速发展不仅在应对国际金融危机、保持经济平稳较快发展等方面发挥了重要作用，而且为改善民生、促进社会和谐做出了积极贡献。

长期以来，部党组始终把科技创新作为推进交通运输发展的重要动力，坚持科技工作面向需求，面向世界，面向未来，加大科技投入，强化科技管理，推进产学研相结合，开展重大科技研发和创新能力建设，取得了显著成效。通过广大科技工作者的不懈努力，在多年冻土、沙漠等特殊地质地区公路建设技术，特大跨径桥梁建设技术，特长隧道建设技术，深水航道整治技术和离岸深水筑港技术等方面取得重大突破和创新，获得了一系列具有国际领先水平的重大科技成果，显著提升了行业自主创新能力，有力支撑了重大工程建设，培养和造就了一批高素质的科技人才，为交通运输科学发展奠定了坚实基础。同时，部积极探索科技成果推广的新途径，通过实施科技示范工程，开展材料节约与循环利用专项行动计划，发布科技成果推广目录等多种方式，推动了科技成果更多更快地向现实生产力转化，营造了交通运输发展主动依靠科技创新，科技创新服务交通发展的良好氛围。

组织出版《交通运输建设科技丛书》，是深入实施创新驱动战略和科技强交战略，推进科技成果公开，加强科技成果推广应用的又一重要举措。该丛书分为公路基础设施建设与养护、水运基础设施建设与养护、安全与应急保障、运输服务和绿色交通等领域，将汇集交通运输建设科技项目研究形成的具有较高学术和应用价值的优秀专著。丛书的逐年出版和不断丰富，有助于集中展示和推广交通运输建设重大科技成果，传承科技创新文化，并促进高层次的技术交流、学术传播和专业人才培养。

今后一段时期是加快推进"四个交通"发展的关键时期，深入实施科技强交战略和创新驱动战略,是一项关系全局的基础性、引领性工程。希望广大交通运输科技工作者进一步解放思想、开拓创新,求真务实、奋发进取,以科技创新的新成效推动交通运输科学发展,为加快实现交通运输现代化而努力奋斗!

2014年7月28日

前　言

本书分析了西江航运干线航道已建跨河建筑物适航条件，在《内河通航标准》(GB 50139—2014)的基础上结合西江航运干线不同河段特点，提出了西江航运干线高等级航道尺度。以西江多梯级、多线船闸联合调度问题为切入点，研究了长洲多线船闸综合调度排档方法和基于二叉树模型的西江多梯级船闸链的调度方法，研制了船闸调度平台软件，实现了船闸的信息化管理与智能调度。计算了长洲枢纽日调节、压咸调度的下游水力因素变化规律及沿程设计最低通航水位，揭示了长洲枢纽坝下河床演变规律、主要影响因素及演变趋势，提出了长洲枢纽坝下3000t级航道整治方案。通过百色升船机中间渠道试验揭示了渠道尺度与船行波、船舶航行阻力、下沉量和船舶交会航行条件等相关要素的规律，提出了中间渠道尺度的确定原则，并按不同航速分类给出了断面尺度建议标准值。分析了大藤峡经济腹地经济、综合交通发展规划，预测了大藤峡未来过闸货运量，提出合理的船闸建设规模；通过揭示枢纽下游非衔接段碍航滩险急险、浅或多因素并存的碍航特征，提出了上下兼顾、疏浚航槽、炸扩断面、清理碍航礁石等复杂条件下梯级水位不衔接段山区河流滩险航道整治原则，解决了大藤峡下游脱水段急险浅并存、多滩相连的山区长河段航道整治技术问题。

在本书编制中，得到交通运输部科技司、水运局和西部交通建设项目管理中心的关心和帮助，得到了广西壮族自治区交通运输厅、广西西江航运发展有限责任公司、广西电力工业勘察设计研究院、广西交通规划勘察设计研究院、百色航务管理局、中水珠江规划勘察设计有限公司、梧州航道管理局的领导和专家的大力支持，是他们为编写工作提供了翔实、完整、可靠的技术资料，使得本书得以顺利完成。同时也得到行业内有关专家的热情帮助与指导，本书也正是在有关领导和专家的支持与帮助下，才得以圆满地完成。在此，编写组谨向所有给予本专著支持与帮助的各级领导和专家表示衷心的感谢！由于编者水平和经验有限，书中难免有错误之处，恳请读者批评指正。

作　者

2015年12月

目　　录

1 绪论 ··· 001
　1.1 概述 ·· 001
　　1.1.1 西江高等级航道通航标准问题 ··· 002
　　1.1.2 多线船闸联合调度问题 ·· 002
　　1.1.3 长洲枢纽坝下 3 000t 级航道建设技术问题 ····································· 002
　　1.1.4 百色升船机中间渠道通航条件问题 ··· 003
　　1.1.5 大藤峡枢纽下游非衔接段航道等级提升问题 ···································· 003
　1.2 国内外研究概况 ·· 004
　　1.2.1 通航标准研究 ·· 004
　　1.2.2 梯级枢纽多线船闸联合调度技术研究 ·· 005
　　1.2.3 枢纽下游河床演变及航道整治研究现状 ·· 006
　　1.2.4 中间渠道和渡槽工程研究概况 ··· 008
2 西江航运干线高等级航道通航标准研究 ·· 010
　2.1 西江航运干线航道现状条件分析 ··· 010
　　2.1.1 航道现状 ·· 010
　　2.1.2 桥梁现状 ·· 012
　　2.1.3 船型尺度 ·· 019
　　2.1.4 船闸尺度 ·· 019
　2.2 西江航运干线跨河桥梁通航净空尺度技术标准 ··································· 020
　　2.2.1 现有跨河桥梁通航净空尺度适航标准 ·· 020
　　2.2.2 新建跨河桥梁通航净空尺度标准 ··· 023
　2.3 西江航运干线航道尺度研究 ·· 027
　　2.3.1 航道尺度计算及选取 ·· 028
　　2.3.2 不同航段达到Ⅰ级航道尺度的可能性分析 ····································· 028
　2.4 西江航运干线航道通航标准研究 ··· 029
　　2.4.1 代表船型尺度标准 ·· 029
　　2.4.2 跨河桥梁通航净空尺度建议标准值 ··· 029
　　2.4.3 枯水期航道尺度建议标准值 ·· 029
　　2.4.4 洪水期航行水流条件限制指标建议标准值 ····································· 030
　　2.4.5 船闸有效尺度建议标准值 ·· 030
　2.5 本章小结 ·· 030
3 基于多梯级、多线船闸联合调度技术提升长洲枢纽船闸通航能力研究 ········· 032
　3.1 通航船闸调度技术现状研究 ·· 032

  3.1.1 多梯级船闸调度技术现状 ·· 032
  3.1.2 船闸排档技术现状 ·· 033
  3.1.3 船闸调度系统建设现状研究 ·· 033
  3.1.4 船舶动态信息采集技术应用现状研究 ·························· 033
  3.1.5 现阶段研究成果存在的问题及对本章内容的支撑 ········ 034
 3.2 多梯级、多线船闸航段调度规则研究 ·································· 034
  3.2.1 多梯级、多线船闸总体调度原则 ································· 034
  3.2.2 多梯级、多线船闸调度方法 ·· 035
 3.3 长洲枢纽多线船闸综合排档调度技术研究 ·························· 037
  3.3.1 长洲枢纽航运形式分析 ··· 037
  3.3.2 长洲枢纽通航调度存在的主要问题 ······························ 039
  3.3.3 长洲枢纽多线调度原则 ··· 039
  3.3.4 长洲多线船闸综合调度算法 ·· 039
  3.3.5 单闸闸室自动排布算法 ··· 047
 3.4 基于AIS的船舶过闸信息采集与综合应用技术研究 ············ 049
  3.4.1 AIS技术概述 ··· 049
  3.4.2 AIS系统内河主要应用场景分析 ·································· 050
  3.4.3 基于AIS的西江船舶动态监控应用 ····························· 050
 3.5 多梯级、多线船闸智能联合调度平台建设研究 ··················· 052
  3.5.1 平台总体目标 ·· 052
  3.5.2 平台软、硬件架构 ·· 052
  3.5.3 平台功能设计 ·· 052
  3.5.4 平台测试 ··· 055
 3.6 本章小结 ·· 056

4 长洲枢纽日调节、压咸调度和下游河床下切对航运影响及航道治理措施研究 ······ 057
 4.1 长洲枢纽下游Ⅱ级航道整治效果分析 ································· 057
 4.2 长洲枢纽日调节、压咸调度的下游水力因素变化规律分析 ········ 058
  4.2.1 长洲枢纽压咸调度期典型日调节下游水力因素变化规律 ······ 058
  4.2.2 长洲枢纽非压咸调度期日调节波传播过程分析 ··········· 061
  4.2.3 小结 ·· 061
 4.3 多重因素影响下的长洲枢纽坝下河床下切对航运的影响研究 ······ 062
  4.3.1 多重因素影响下长洲枢纽运行对航运的影响 ··············· 062
  4.3.2 水位下降对研究河段设计水位的影响 ·························· 063
  4.3.3 水位下降规律研究 ·· 065
  4.3.4 小结 ·· 065
 4.4 长洲枢纽坝下3 000t级航道整治设计方案研究 ··················· 066
  4.4.1 长洲枢纽下游河段航道整治参数确定 ·························· 066
  4.4.2 长洲枢纽至界首段航道整治方案 ································· 066
  4.4.3 三滩河段整治方案 ·· 070

4.4.4　坝下60km河段航道整治工程实施一年后水深 …………………………… 072
　　　4.4.5　小结 ……………………………………………………………………… 072
　4.5　减缓坝下河段水位降落的3 000t级航道整治方案研究 ………………………… 075
　　　4.5.1　长洲枢纽至界首段航道整治工程措施研究 ……………………………… 075
　　　4.5.2　长洲枢纽至界首段减缓水位降落非工程措施研究 ……………………… 081
　　　4.5.3　小结 ……………………………………………………………………… 084
　4.6　本章小结 ……………………………………………………………………………… 084

5　百色枢纽升船机中间渠道通航关键技术研究 …………………………………………… 086
　5.1　研究手段 ……………………………………………………………………………… 086
　　　5.1.1　定床物理模型 ……………………………………………………………… 086
　　　5.1.2　船模 ………………………………………………………………………… 088
　　　5.1.3　三维水流数学模型 ………………………………………………………… 089
　5.2　百色升船机中间渠道船舶航行条件研究 …………………………………………… 089
　　　5.2.1　升船机通过能力及中间渠道航速计算分析 ……………………………… 089
　　　5.2.2　船行波 ……………………………………………………………………… 090
　　　5.2.3　船舶下沉量试验 …………………………………………………………… 091
　　　5.2.4　回流流速试验 ……………………………………………………………… 092
　　　5.2.5　阻力试验 …………………………………………………………………… 093
　　　5.2.6　船舶(队)航态试验 ………………………………………………………… 093
　　　5.2.7　百色中间渠道航速的选取 ………………………………………………… 094
　　　5.2.8　百色中间渠道合理尺度的分析 …………………………………………… 095
　　　5.2.9　小结 ………………………………………………………………………… 095
　5.3　中间渠道经济断面尺度研究 ………………………………………………………… 095
　5.4　中间渠道双线航行的参考尺度及其确定原则研究 ………………………………… 096
　　　5.4.1　中间渠道尺度分析 ………………………………………………………… 096
　　　5.4.2　中间渠道双线航行的参考尺度 …………………………………………… 097
　　　5.4.3　确定中间渠道尺度的原则 ………………………………………………… 098
　5.5　百色枢纽升船机下游引航道口门区通航水流条件问题研究 ……………………… 098
　　　5.5.1　设计方案试验 ……………………………………………………………… 098
　　　5.5.2　修改方案试验 ……………………………………………………………… 099
　5.6　本章小结 ……………………………………………………………………………… 100

6　大藤峡枢纽下游水位未衔接段航道整治技术研究 ……………………………………… 101
　6.1　研究手段 ……………………………………………………………………………… 101
　　　6.1.1　货运量预测的依据和方法 ………………………………………………… 101
　　　6.1.2　定床物理模型 ……………………………………………………………… 102
　　　6.1.3　遥控自航船模 ……………………………………………………………… 102
　6.2　大藤峡枢纽过闸货运量分析 ………………………………………………………… 102
　　　6.2.1　运量预测成果 ……………………………………………………………… 102
　　　6.2.2　船闸通过能力分析 ………………………………………………………… 104

6.2.3 船闸建设规模 · 107
6.3 大藤峡下游河段滩险特性和水流特性分析 · 107
6.3.1 滩险概况及滩性分析 · 107
6.3.2 枢纽建设后河段水流特性分析 · 108
6.4 大藤峡最小设计流量与下游航道尺度关系研究 · 109
6.4.1 对水位的影响 · 109
6.4.2 各航道尺度下水深条件 · 110
6.4.3 航道尺度与航槽流速关系 · 110
6.4.4 航道尺度与口门区水位关系 · 111
6.5 大藤峡坝下航道整治方案研究 · 111
6.5.1 Ⅱ级航道整治方案试验 · 112
6.5.2 Ⅰ级航道方案研究 · 122
6.5.3 整治技术 · 125
6.6 大藤峡不利泄水条件应对措施研究 · 127
6.6.1 Ⅱ级航道不利泄流试验 · 127
6.6.2 Ⅰ级航道枢纽不利泄流试验 · 129
6.7 本章小结 · 131

7 结束语 · 133
7.1 主要研究结论 · 133
7.1.1 西江航运干线高等级航道通航标准研究 · 133
7.1.2 基于多梯级多线船闸联合调度技术提升长洲枢纽船闸通航能力研究 · 133
7.1.3 长洲枢纽日调节、压咸调度和下游河床下切对航运影响及航道治理措施研究 · 133
7.1.4 百色枢纽升船机中间渠道通航关键技术研究 · 134
7.1.5 大藤峡枢纽下游水位未衔接段航道整治技术研究 · 135
7.2 建议 · 135

参考文献 · 137

1 绪 论

1.1 概 述

西江是珠江水系的主流,发源于云南省曲靖市乌蒙山脉的马雄山,长 2 129km,是我国仅次于长江的第二大内河航运水道。西江航运干线由郁江、浔江、西江、珠江组成,西起南宁、东达广州,是贵、滇、桂和珠、港、澳相连的重要水上通道,是西南水运出海通道的重要组成部分,是我国内河水运主通道的"一纵两横两网"中重要的"一横",也是我国现代综合交通运输体系的重要组成部分。西江航运干线作为珠江水系的主通道,其货运量约占珠江干线运输量的70%。随着西江水运的持续快速发展,西江干线在西部大开发和东部率先实现现代化中的地位越来越重要。

2008年10月,广西壮族自治区党委、人民政府提出"打造西江黄金水道促进区域经济协调发展"的重大战略决策;同年11月,广东、广西签署了《共同加快建设西江黄金水道协议》。2010年3月1日,广西壮族自治区人民政府颁布实施《广西西江黄金水道建设规划》(桂政发〔2010〕12号),标志着广西西江黄金水道建设规划正式实施。根据规划,西江黄金水道由连接南宁、贵港、梧州、百色、来宾、崇左市的1 480km内河水运主通道组成,涵盖流经河池、桂林、玉林、贺州的地区性重要航道1 621km。范围包括:西江航运干线570km、右江429km、红水河550km、柳黔江284km、都柳江和融江309km、桂江341km、左江322km、贺江119km以及绣江177km,共3 101km,如图1-1所示。根据规划,到2012年实现内河港口总吞吐能力达到1亿t以上,在此基础上加快建设形成西江经济带。

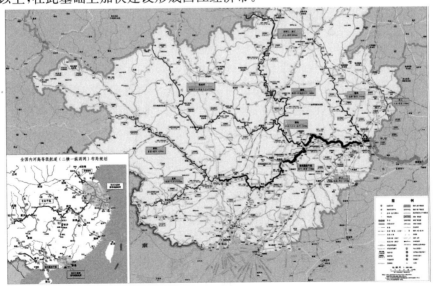

图1-1 西江黄金水道示意图

西江经济带依托西江黄金水道,上连桂西北和大西南,下达珠港澳,具有承东启西的作用。随着经济全球化和区域经济一体化向纵深发展,国家西部大开发战略的深入实施,中国—东盟自由贸易区的加快建设,泛珠三角和泛北部湾经济区合作的进一步推进,加快西江黄金水道建设,以便捷、经济的水陆交通网吸引粤、港、澳地区经济辐射和产业转移,形成跨地区、多元化的开放格局。西江黄金水道建设是西江经济带建设的基础,西江经济带的发展依托于西江黄金水道的建设,但西江黄金水道建设中还存在诸多需解决的关键技术问题,具体如下。

1.1.1　西江高等级航道通航标准问题

自1993年珠江流域航运规划问世以来,西江航运干线共经历了多次规划和调整,1993年《珠江流域航运规划》将南宁至界首航道规划为Ⅲ级,界首至思贤窑规划为Ⅱ级;1998年10月30日交通部、水利部、国家经济贸易委员会《关于内河航道技术等级的批复》(交水发〔1998〕659号)将梧州以下升级为Ⅱ级航道,2007年7月20日国家发改委、交通部《全国内河航道与港口布局规划》(发改交运〔2007〕1370号)将航道等级确定为Ⅲ级及以上;2013年3月2日《国务院关于珠江流域综合规划(2012—2030年)的批复》(国函〔2013〕37号),将南宁至思贤窑规划为Ⅰ级航道,通航3 000t级船舶。

西江航运干线沟通南宁、贵港、梧州、肇庆、广州、香港等多个重要城市。随着西江航运的快速发展,西江航运干线经过多次整治,目前南宁至贵港航段Ⅱ级航道整治工程正在实施,贵港至肇庆航段已达Ⅱ级航道尺度标准,肇庆至思贤窑段34km航段已达Ⅰ级航道尺度,通航3 000t级海轮。随着长洲枢纽三线四线船闸、桂平二线船闸、贵港二线船闸和西津二线船闸的建设,西江航运干线航道等级还将进一步提升。

航道等级的提升涉及通航设施、航道条件、船型标准化和过河建筑物等多方面因素,如何结合西江山区河流特点,在考虑西江航运发展的基础上,研究提出西江高等级航道标准是困扰西江航运能力提升的关键性问题。

1.1.2　多线船闸联合调度问题

长洲水利枢纽是西江通江达海的最后一座枢纽,也是西江黄金水道建设的关键节点性工程。自枢纽建成以来,多次大规模滞航是困扰航运主管部门的最难于解决的问题。当长洲枢纽三线四线船闸建成之后,四条线船闸并行同时运行,上下游复杂的外部通航环境会严重影响长洲枢纽通过能力,如何通过制定合理的调度规则、规范过闸管理、建立科学合理的调度平台,最大限度地保证四条线船闸原有设计的通过能力是航运主管部门需要解决的关键问题。

1.1.3　长洲枢纽坝下3 000t级航道建设技术问题

长洲水利枢纽以下属于天然河段,是西江黄金水道建设的主要瓶颈河段。长洲坝下共有四处主要碍航滩险,其中广西段有界首滩,广东段有都乐、新滩和蟠龙三处滩险(简称三滩)。广西境内长洲坝下至界首滩主要受枢纽调度影响,截至2013年12月底,设计流量条件下坝下最低设计水位为3.10m,较原设计水位5.05m下降了1.95m,一线二线船闸下游预留的0.5m富余水深已消失殆尽,在最低水位已经出现航深不足问题。广东"三滩"属于感潮河段,航道整治技术难度很大。随着Ⅰ级航道整治工程的实施,下游水位还将会有降落,由于上游大藤峡水利枢纽还在前期研究阶段,最近十年内长洲水利枢纽还要肩负珠港澳压咸补淡的补水工作,因此,枯水期水库蓄水会经常性出现下泄流量不能满足最小通航流量的时段,这会对下游航道通航条件造成非常大的影响。

1.1.4 百色升船机中间渠道通航条件问题

百色水利枢纽位于广西百色市的右江,是一座以防洪为主,兼有发电、灌溉、航运、供水等综合作用的大型水利枢纽,是珠江流域综合利用规划中治理和开发的大型骨干水利工程。百色枢纽通航设施为升船机,分为两期建设,目前仅建成上游引航道部分工程。升船机主体工程处于设计阶段,升船机的建成是右江能否全线贯通的关键节点性工程。根据相关设计,升船机分为两级,均采用垂直提升方式,两级升船机之间由长2.3km的中间渠道相连,中间渠道沿那禄沟布置,航道弯曲,下游引航道出口与主河道斜向相交,出口处航道条件复杂。因此,中间渠道航道尺度是否满足通过能力的要求、下游口门区通航水流条件是否满足航行要求是关系右江航运发展的关键问题。

1.1.5 大藤峡枢纽下游非衔接段航道等级提升问题

大藤峡水利枢纽位于广西桂平上游12km黔江河段,是西南水运出海中线通道、北线通道在石龙汇合后通往西江航运干线到达粤、港、澳地区的必经之路,也是联系广西老工业城市柳州市和新兴工业城市来宾市的水路主通道。目前大藤峡枢纽至桂平三江口区段的航道等级为Ⅴ级,待大藤峡水利枢纽建成之后将达到Ⅱ级航道,下游与长洲水利枢纽回水区存在12km的脱水段,需通过航道整治以满足Ⅱ级航道要求。由于大藤峡水利枢纽船闸上下游水位差已经接近单级船闸40m水头的限制性要求,如何合理布置整治工程方案,在保证航道通航条件基础上合理控制水位降落是非常重要的,同时如何确定大藤峡船闸下游闸槛水深也是关系中线出海通道能否畅通的关键问题。根据相关规划,该河段为Ⅰ级航道,在最小设计流量条件下Ⅰ级航道建设的可行性也是需要研究的关键问题。

由上所述,西江航运干线高等级航道尺度标准的确定问题、长洲枢纽通过能力问题、长洲枢纽坝下高等级航道建设技术问题、百色枢纽通航问题、大藤峡枢纽坝下脱水段航道整治问题均是影响西江黄金水道建设总体进程的关键性问题,这些问题的解决,对于推动黄金水道工程建设进程,提高航道通过能力,均有着突出的社会和经济效益。

2011年1月,国务院颁发《国务院关于加快长江等内河水运发展的意见》(国发〔2011〕2号),指出要"加快内河水运发展,推进西江黄金水道工程建设进程,实施西江航运干线扩能工程,加快红水河龙滩、右江百色等枢纽通航设施建设与改造,打通西南地区连接珠江三角洲的水运通道",进一步加快西江黄金水道建设步伐。为贯彻落实《国务院关于加快长江等内河水运发展的意见》,解决工程建设面临的重大技术问题,保障西江黄金水道建设顺利开展,2011年,交通运输部设置了"西江黄金水道通过能力提升关键技术研究",作为2011年度西部交通科技项目"黄金水道通过能力提升技术"重大专项项目,对西江黄金水道建设所面临的重大关键技术问题开展专项研究。

西江黄金水道通过能力提升关键技术研究项目下设五个专题,分别为"西江航运干线高等级航道通航标准研究"、"基于多梯级多线船闸联合调度技术提升长洲枢纽船闸通航能力研究"、"长洲枢纽日调节、压咸调度和下游河床下切对航运影响及航道治理措施研究"、"百色枢纽升船机中间渠道通航关键技术研究"和"大藤峡枢纽下游水位未衔接段航道整治技术研究"。本书在五个专题研究基础上,根据研究任务又下设若干子题,对关键技术问题开展了更为深入的研究,同时对于研究所采用的技术进行了整理提炼,为类似项目研究提供了必要的参考。

本书紧紧围绕西江黄金水道建设中重点关键问题开展研究工作,重点解决西江黄金水道建设中"两线两点一通道"的问题,"两线"为大藤峡坝下非衔接段航道等级提升和长洲枢纽坝下高等级航道整治问题,"两点"为右江百色升船机中间渠道通航条件和长洲枢纽通过能力提升的问题,"一通道"为西江航运干线通航标准的问题。

通过本书,分析研究西江航运干线航道、通航建筑物和跨河建筑物实际情况,在《内河通航标准》(GB 50139—2014)的基础上结合不同河段特点,提出西江航运干线高等级航道通航标准;研究西江干线贵港、桂平、长洲枢纽多级船闸间的调度模式,提出长洲枢纽多线船闸的联合调度方案,建立了调度系统平台;分析珠港澳调水压咸造成的下游流量不足对航道的影响,研究并提出长洲枢纽电站日调节对下游航道通航条件影响的应对措施,寻求坝下因水位下降造成的航道水深不足问题的解决方案,提出长洲枢纽坝下 3 000t 级航道整治方案;研究解决百色升船机中间渠道问题,提出合理的工程布置方案,实现右江航道全线贯通;分析大藤峡下泄最小流量对下游航道的影响,优化大藤峡下游Ⅱ级航道整治工程方案,并对Ⅰ级航道建设可行性进行探讨,使得大藤峡坝下非衔接段航道尺度由目前Ⅴ级提高至Ⅱ级乃至Ⅰ级,大幅度提高西南出海中线通道的通过能力。

1.2 国内外研究概况

1.2.1 通航标准研究

目前世界上通常以两种方式确定航道通航标准,西欧国家多以驳船吨位和船型作为划分标准,美国和苏联以航道水深作为划分标准,我国采用西欧划分方式,以船舶吨位作为航道等级的划分标准。美国密西西比河水系是世界上内河航运最发达的水系,其通航标准确定原则为"以航道水深为基础,在相同水深的条件下,对不同的船舶编队形式和驳船艘数采用不同马力的推轮,其船队尺度和水线以上高度不同,要求不同的航道宽度,确定不同的船闸、桥梁净空尺度"。该标准最大特点是分级少、相互衔接、方便灵活、便于营运管理。

2004 年 5 月 1 日颁布实施的《内河通航标准》(GB 50139—2004)(以下简称"04 标准")是指导我国航道规划设计的国家行业标准。它将我国内河航道分成了两大类,另一类是天然和渠化河流航道(包括湖泊和水库航道);一类是限制性航道。后者的定义是:因水面狭窄、断面系数小,而对船舶航行有明显限制作用的航道,主要是指运河、渠道和河网地区的部分航道。"04 标准"中航道最大水深为 3.5~4.0m,设计代表船型以船队为主。

孙精石在对"04 标准"的研究中指出,当船舶或船队的尺度确定后(主要是长和宽),航道宽度即取决于航迹带宽度,而航迹带宽度又取决于航行漂角的大小。根据特殊限制性航道——中间渠道和渡槽的运行特点,推求出其宽度的计算方法和结果,仍可用"04 标准"中相同的计算公式。其中,对于Ⅰ~Ⅲ级航道航行漂角取 2°;Ⅳ~Ⅴ级航道取 1°;Ⅵ~Ⅶ级航道取 0.7°。

对于安全距离,单线航道取两个 0.17 倍航迹带宽度;双线航道取 0.34 倍两个船舶或船队的航迹带宽度。

郑仲娥在内河通航标准实践应用中提出了"04 标准"存在的三个主要问题:一是水上过河缆线的通航净高缺少具体数据;二是临河建筑物的选址与布置对航道的影响是个盲点;三是长三角地区高等级航道通航净高与内河高等级航道通航净高的矛盾。由于"04 标准"未对具体数据进行说明,这些不确定的因素对于航道规划设计以及涉水工程的建设来讲都存在很多不确定性,郑仲娥建议对其中具体数据根据区域的不同进行完善。

王仙美通过分析江苏地区航道过河建筑物(桥梁)通航净空尺度的现状和"04 标准"中相应等级航道通航净空尺度要求之间的差异,从执行标准的延续性、船舶运输的通达性和降低工程造价,并减少对航道沿线居民、工矿企业的出行影响出发,提出江苏地区Ⅳ级及以上限制性航道过河建筑物(桥梁)的通航净空高度均按不小于 7m 控制,通航净空宽度则满足相应航道等级的通航净宽要求,并对特殊繁忙的河段要求一跨过河。

2012 年实施的《运河通航标准》(JTS 180-2—2011)中,水上过河建筑物通航净高尺度在与"04 标准"保持一致的基础上,对长江三角洲地区运河过河建筑物的净高做了特殊规定,即Ⅳ级及以上限制性航道通航净空高度不应小于 7m;长江三角洲以外地区运河上的过河建筑物Ⅳ级航道通航净高不应小于 7m,Ⅲ、Ⅱ级不应小于 10m,可根据需要并经充分论证适当减小通航净高,但Ⅳ级及以上航道通航净高不得小于 7m。

随着水运事业的快速发展,内河船型、船队和运输方式都发生了很大变化,内河航道、通航建筑物和过、临河建筑物的建设也积累了许多新的经验,为适应新的发展要求,住房和城乡建设部及交通运输部组织有关单位对"04 标准"进行了局部修订。局部修订的主要内容为,增加了海轮进江航道尺度的确定方法和原则;小范围地调整了原标准中天然及渠化河流航道、限制性航道和珠江三角洲至港澳线内河航道的货轮代表船型尺度;增加了临河建筑物的选址和布置;将"港口作业区"的用语调整为"码头、船台滑道、取排水口等临河建筑物",调整了水上过河建筑物与码头、船台滑道、取排水口等临河建筑物的间距要求;补充了过、临河建筑物的安全保障措施。新标准住房和城乡建设部已于 2014 年 4 月 15 日正式发布。

《内河通航标准》(GB 50139—2014)为全国内河水运的指导性标准,其适用性具有普遍性,共性强于特性,因此,对不同水情和航道条件的河流制定具有针对性的通航标准是必要的。目前,长江航道局正在着手制定《长江(干线)通航标准》,包括《长江干线航道等级、船型与航道尺度研究》、《长江干线与通航有关设施通航技术要求研究》及《三峡水库运行对枢纽上下游河段通航水位影响专题研究》三个方面的研究。西江作为国内的第二大通航河流,由于其独特的山区河流特性,特别是通航枢纽众多,迫切需要适应西江航运发展的通航标准。但目前还未开展西江通航标准的研究工作。

1.2.2 梯级枢纽多线船闸联合调度技术研究

本节主要围绕船闸枢纽航运调度开展研究工作,在该领域,国内积累了较为丰富的经验:在梯级枢纽多线船闸通过能力联合调度问题上,国内研究人员主要依托三峡—葛洲坝水利枢纽的整体通过能力开展了多项相关研究工作。卢方勇等在针对葛洲坝的调度研究中,将葛洲坝船闸看成并联船闸,采用滑动窗口的方法进行编排;刘云峰等针对三峡永久船闸的调度问题进行研究,采用了启发式算法、深度优先搜索算法等进行船舶的编排调度;华中科技大学王小平等分析了三峡—葛洲坝水利枢纽联合调度的实际需求,建立了三峡—葛洲坝水利枢纽联合调度数学模型,设计了基于串联排队网络的船舶编排算法,在考虑了闸室面积利用率最大、整体待闸时间最小两个目标函数和船舶编排过程中的八个约束的基础上,应用串联排队网络理论求解模型,有效提高了船闸闸室利用率和船舶过闸时间。

针对多梯级多线船闸联合调度问题,国内相关研究较少,多是以单闸调度、单闸室排布算法方面研究为主。交通运输部水运科学研究院以嘉陵江渠化河流为研究对象,拟订了多梯级单线船闸联合调度方案,并构建了联合调度系统,现已投入使用,对本书有一定参考价值。尽管国内专家及科研机构已经对多梯级多线船闸联合调度问题所涉及的一些领域进行了探讨,但当前研究仍有一定欠缺:首先,船闸闸室自动排布算法考虑实际调度因素较少(如船间安全距离,船闸底槛水深),算法还可进一步优化,闸室利用率仍有提升空间;其次,嘉陵江船闸联合调度方案主要面向单线多梯级船闸枢纽,与西江航运特点存在差异,不能生搬硬套。国外未发现该领域研究成果。

综合分析梯级船闸联合调度的研究实践成果来看,尽管各自应用场景不尽一致,河流自然特征千差万别,但在研究原则上却明显地表现出一些共同特征,主要是综合利用,因地制宜,规划协调,管理统一。

1.2.3　枢纽下游河床演变及航道整治研究现状

枢纽下游因清水下泄对河床冲刷的影响,致使河床下切,在冲淤达到平衡之前,枢纽下游水位一直处于变动状态,枯水期航道水深会随着河床的下切而变得更为恶劣。设计最低通航水位是航道工程规划、设计和施工的主要依据,一般可通过保证率频率法或综合历时曲线法确定。对于受枢纽日调节影响较大的航道,一方面,电站调峰时清水下泄,引起下游河床下切和地形变化,导致设计最低通航水位下降;另一方面,电站的运行改变了下游的来流过程,水位出现一定的变幅,从而在进行设计最低通航水位计算时,结果与实际情况偏差较大。因而在确定枢纽下游航道设计最低通航水位时,需考虑到枢纽日调节引起的水位变化值。

目前,国内学者通过对枢纽下游设计最低通航水位的研究,取得了不少成果。受电站运行影响,坝下水位一方面受电站日调节影响日变幅较大,每日有峰、谷水位出现,同时因河床冲刷下切引起水位逐年下降,因而设计最低通航水位的计算既要考虑水位逐年下降的趋势,又要考虑每日的谷底水位。设计最低通航水位的计算有两种方法:一是选定附近的水文站作为基本站,利用保证率频率法或综合历时曲线法计算出设计水位,再用适当的方法转换到各整治滩段,得出滩头或滩尾水尺的设计水位;二是直接采用一、二维水沙数学模型计算设计流量下沿程水位与日调节下泄过程的沿程低谷水位,设计最低通航水位取两者的下包络线。

如果采取第一种方法计算,选定的附近水文站资料应采用流量样本,否则水位资料不具一致性,同时需要考虑电站日调节影响与水位逐年下降的趋势。李天碧等先计算万安电站下游吉安、峡江站等基本站的设计最低通航水位,再扣除非恒定流对水位的影响值(吉安、峡江站分别为 0.105m、0.0m),其实基本站的水位在逐年下降而不具一致性;代永智实测南盘江天生桥电站下游坡脚—八渡的波谷时段水位,建立基本站与滩段水尺波谷水位间的相关关系,以推求设计最低通航水位,唐兆华等也提出以日最低水位作为计算样本,这在河床稳定的山区河流是可行的；吴宏中实测梅江的莲辣滩电站及汀江的青溪电站一台机组发电达到稳定时的瞬时水面线，再适当降低（0.40m）后作为电站下游航道的设计最低通航水位，该法可能适用，但概念尚待明晰；李宇等对汀江青溪电站无基流下泄的下游河段溪口与三河坝（三）站实测资料进行流量保证率频率法、日最低水位累积频率法计算，提出日最低水位累积频率法推算基本站设计水位、采用实测沿程波谷水位的下包络线确定各滩段设计水位；李万松针对新建电站下游河段资料较少的情况，提出了建立电站稳定泄流期间水位站和滩段水位的相关曲线，或者根据电站泄流期间水位站和滩段的差时水位（考虑非恒定泄流的传播时间）建立水位相关曲线，求出滩险的设计最低通航水位；罗春等以流量作为样本，用保证率频率法计算设计最小通航流量，再从近几年枯水期水位流量关系曲线上查得对应于该流量的水位作为设计最低通航水位，新修订颁布的《港口与航道水文规范》（JTS 145—2015）推荐了这种方法。

第二种方法中有水流数模计算与水沙数模计算。对于冲积性河流进行长系列的水沙数模计算，可以看出水位的逐年下降趋势与沿程的低谷水位，应该说是坝下河段设计最低通航水位最好的预测方法与确定手段，但河床组成一般沿程变化且各层不同，很难模拟河床冲刷下切的过程，需要计算与分析相结合；对于河床较为稳定的山区河流进行水流数模计算，可以得到沿程低谷水位的下包络线作为设计最低通航水位。王秀英等利用一维水沙数模计算了三峡水库蓄水5年（对应135m蓄水末期和156蓄水初期）、7年（对应156m蓄水末期和175m蓄水初期）、10年、15年和20年（均为175m正常蓄水期）等各个时期的坝下河床冲淤变化，得到沿程各水文站的各时期水位流量关系曲线，由三峡水库调蓄、南水北调、引江济汉等工程影响下的长江中下游设计流量查得各站的设计水位，以此作为样本进行综合历时曲线法和保证率频率法计算，得到各站相应保证率的设计最低通航水位。陈一梅等将坝下游河段的设计最低通航水位计算问题概括为一种非线性输入输出的泛函关系，建立推算枢纽下游河段设计最低通航水位的BP神经网络模型，对闽江水口电站坝下观音岐设计最低通航水位进行网络计算。现在有较多的工程采用了水沙数模计算的方式，收到了很好的效果。

"04标准"强制要求"枢纽瞬时下泄流量不应小于原天然河流设计最低通航水位时的流量"，但有些电站实际运行中往往无基流，如汀江青溪电站，或者低谷流量小于设计流量；如大渡河沙湾至乐山段航道的低谷流量约为80m³/s，而天然设计流量为400m³/s，这严重影响了坝下的航运。面对这种局面，有些学者被动地提出了船舶等水"追峰通航"，这也是值得商榷的。

枢纽下泄对下游河道的冲刷会造成下游水位的降落，当水位降落幅度大于船闸下底坎和下游引航道的预留深度时，下游水深不能满足航道的要求，从而影响到船舶的通航。交通运输部天津水运工程科学研究所在进行葛洲坝枢纽下游近坝段航道研究时提出了潜坝群壅水的整治方法，并对枢纽下游水位下降对航道的影响进行了预测研究，该方法能够较为有效地改善下游航道的通航条件。李发政在三峡船闸下游引航道通航条件研究中指出，船闸运行调度上宜采取单线船闸泄水、双线船闸错时泄水等方式，减小船闸输水对引航道内水流条件的影响。

长洲枢纽下游界首以下为感潮河段，通航水流条件受上游来流和下游潮汐的双重作用，河床为混合底质，枢纽的调度改变了自然来水来沙条件，水沙条件将更为复杂。西南水运工程科学研究所对广西界首至郁南段航道开展了Ⅱ级航道整治技术研究，结果表明，采用微弯平顺的整治线，适当缩窄整治线宽度，完善丁坝布置，增大浅滩流速，提高整治水位，使水流提前归槽，延长冲刷时间,基本能够维持航槽稳定,保证航道的畅通。

1.2.4 中间渠道和渡槽工程研究概况

国内外研究人员结合具体的水利工程,对设中间渠道的通航建筑物的水力特性和通航条件进行过一些研究。

美国于1953年对Welland运河和船闸中间渠道的涌浪问题进行了原体观测和室内试验,提出:减轻涌浪可采用降低灌泄水速度,加大河道尺度,制定合理的船闸运转方式、设调节池等方法。1985年建成的贝斯毕林船闸,原设计方案存在涌浪问题,泄水阀门开启1min,作用在船队上的力达170t,船队难以上行。通过模型试验,提出增加泄水前沿宽度,放慢阀门开启速度等措施,改善了涌浪的影响。20世纪60~70年代,美国结合伊利湖—安大略湖水道之间5座船闸的连接渠道,观测了中间渠道内的水力特性,研究了中间渠道内波浪的改善措施。

20世纪50年代,联邦德国卡尔斯洛工学院,日奥德·雷伯克流体力学试验室,针对米宾和万劳两双线船闸间的杜门—欧姆斯运河中间渠道进行试验研究和原型观测,研究了中间渠道波动现象,渠道断面变化对波动叠加反射的影响,波高、波速、比降等波要素与船闸输水流量及流量增率的关系,同时还研究了双船闸运行方式对船舶航行与停泊的影响。

苏联针对两船闸之间的中间渠道,研究了非恒定流波浪运行基本参数对建筑物及停泊条件的影响,提出了减小渠道内波浪幅值的多种措施和合理的运转方式。如改变渠道尺度,确定合理的运转方式,提出下级船闸灌水宜选择在上级船闸泄水形成水面上升时进行。同时研究了调节池面积大小、相对位置、出水面积等与波浪波动时间的关系。列宁格勒水运工程学院在1960年对克列明丘克船闸观测了采取渠道局部扩宽(设调节池)措施后的效果。另外还研究了阀门开启时间与方式(间歇开启)对波高的影响。

法国对北运河16号和17号船闸之间渠道(长5 630m)及索恩—芙茵运河上的船闸中间渠道涌浪进行了研究,提出水面波动的变化(水面上或水面下)以0.30m为最大允许极限,最大水面比降以1‰为宜。

20世纪80年代,天津水运工程科学研究所(简称:天科所)和南京水利科学研究院曾对长江三峡船闸中间渠道方案进行水工模型试验和数值计算,对船闸灌泄水在渠道中形成涌浪的传播变化、衰减过程及特点,影响涌浪大小的因素,涌浪对船队航行的影响进行了研究,同时研究了各种改善措施,如修建调节池、改变渠宽、对船闸运转组合进行合理调配、改变阀门开启方式等,减轻涌浪影响的效果。

20世纪80年代初,长江科学院及有关单位曾对葛洲坝水利枢纽三江2号、3号船闸泄水非恒定流引起船闸下游航道的涌浪问题进行原体观测及数学模型研究,分析涌浪对船舶(队)航行和停泊影响的因素及变化规律。

进入21世纪,随着我国"西部大开发"以及"西电东送"战略的实施,水电及航运得到快速发展,结合龙滩、构皮滩等高坝水利枢纽的建设,对升船机设中间渠道和渡槽的通航条件进行了较为系统的研究,如2005年,天科所对龙滩通航建筑物两级垂直升船机带中间渠道和渡槽的尺度及通航条件进行了研究。在2008年,天科所又对乌江构皮滩三级升船机中间渠道(含渡槽、隧洞)的通航条件进行了物理模型试验,对渠道尺度、错船段与单线渠道连接形式进行了分析,该成果为工程设计提供了依据。

对于通航渡槽的研究情况如下:20世纪70年代天科所和上海船舶运输科学研究所曾合作对"南水北调穿黄渡槽方案"进行了通航条件模型试验,研究了船舶航行阻力、船舶纵倾、水位波动、船侧相对流速等。通航渡槽在西欧各国人工运河中采用较多,德国芙茵—多瑙运河穿越雷德尼茨河的渡槽是近代具有代表性的大型矩形断面钢结构渡槽,长218.7m,水面宽36m、水深3.5m、过水断面积为$126m^2$。研究表明:当11.2m宽的顶推船队以2.8m/s航速通过时,可保证船舶在渡槽中安全会让和超行。如设计过水断面为$75m^2$的窄槽双线,虽然便于放空水体维修和不断航,但航速却要下降到1.8m/s,况且双线窄槽的过水断面之和远超过$126m^2$的单线过水断面面积,这说明采用单线的合理性。矩形渡槽断面结构的造价低且施工方便,但是它与通常采用的梯形断面渠道之间的衔接较为复杂,需要有渐变曲面的过渡段,矩形尺度既要保证通航中船舶的会让,又要使结构经济合理。

从上述可知,本书的研究和工程实践已经有一定的工作基础。

2 西江航运干线高等级航道通航标准研究

西江航运干线上起自南宁,下至广州,是珠江水系的主要水运通道。西江航运干线经过多次整治,南宁至贵港航段Ⅱ级航道整治工程正在实施,贵港至肇庆航段已达Ⅱ级航道尺度标准,目前正在开展Ⅰ级航道前期工作;肇庆至思贤窖段 34km 航段已达Ⅰ级航道尺度,通航 3 000t 级海轮。随着长洲枢纽三线四线船闸、桂平二线船闸、贵港二线船闸和西津二线船闸的建设,船闸等级均达到Ⅰ级标准,因此,如何根据西江山区河流特性,结合西江航运特点制定适合西江发展的高等级航道通航标准是关系到西江航运干线航道等级提升的关键问题。

本章主要依据现行国标《内河通航标准》(GB 50139—2014),对西江干线水流特性、跨河桥梁通航净空尺度、通航船闸尺度和标准船型尺度进行分析,结合西江航运干线航道特点,提出适合西江航运发展的西江航运干线高等级航道相关通航尺度的建议标准值,可为西江黄金水道建设规划提供技术支撑,并为下阶段相关标准的编制提供依据。

2.1 西江航运干线航道现状条件分析

由于西江自思贤窖处已进入珠江三角洲航道网,故本文中所述的西江航运干线为南宁以下至思贤窖之间 775km 河段,如图 2-1 所示。根据已建梯级枢纽情况,将西江航运干线分为南宁至西津枢纽、西津枢纽至贵港枢纽、贵港枢纽至桂平枢纽、桂平枢纽至长洲枢纽、长洲枢纽以下共 5 段,每一段又可根据水流特性、航道条件等细分为不同河段。

2.1.1 航道现状

西江航运干线南宁以下河段分别为郁江、浔江和西江,其中郁江建有西津水利枢纽、贵港航运枢纽、桂平航运枢纽,浔江建有长洲水利枢纽,这 4 座枢纽将本河段分为 5 个航段,各个航段航道尺度统计见表 2-1。

1)南宁至西津枢纽河段

南宁至西津段全长 169km,西津枢纽的建成渠化了南宁至西津间的大部分河段,西津枢纽一直以来没有按照原设计挡水位及死水位运行,造成南宁至涩滩 29km 河段存在豹子头、柳沙娘、良庆、三升米洲、涩滩 5 处浅滩处于库尾回水变动区。目前,该河段航道维护等级为内河Ⅲ级,航道维护尺度为 2.3m×50m×500m,通航 1 000t 级内河船舶,通航保证率为 95%。

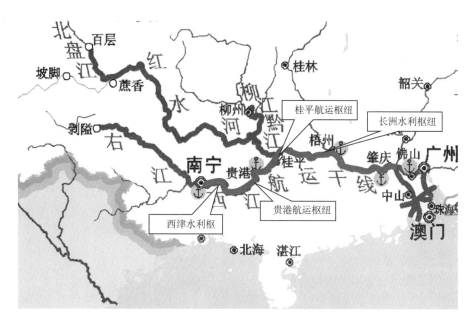

图 2-1　西江航运干线示意图

西江航运干线现状条件下航道尺度统计表　　　　　　　　　　表 2-1

航段	区间	长度(km)	航道等级	航道尺度 [水深(m)×航宽(m)×转弯半径(m)]	备注
南宁—西津	南宁—西津	169	Ⅲ	2.3×50×500	存在脱水段
西津—贵港	西津—贵港	104	Ⅲ	2.3×50×500	水位衔接
贵港—桂平	贵港—桂平	110	Ⅱ	3.5×80×550	水位衔接
桂平—长洲	桂平—长洲	164	Ⅱ	3.5×80×550	水位衔接
长洲以下	长洲—界首	23	Ⅱ	3.5×80×550	天然河段
长洲以下	界首—肇庆	171	Ⅱ	(3.5～4.0)×80×550	感潮河段
长洲以下	肇庆—思贤窖	34	Ⅰ	6.0×100×650	感潮河段

2)西津枢纽至贵港枢纽河段

西津至贵港段104km现为贵港库区航道。西津枢纽下游设计最低通航水位与贵港枢纽上游设计最低通航水位均为42.60m,两枢纽水位衔接。由于贵港枢纽库尾河床相对较高,使得贵港枢纽库区库尾河段的鸡儿滩、地伏滩、嗻唠沙、伏波大滩等处河段存在一定的碍航情况。目前,西津枢纽至贵港枢纽河段航道维护等级为内河Ⅲ级,航道维护尺度与南宁至西津枢纽段相同。

3)贵港枢纽至桂平枢纽河段

贵港至桂平段110km现为桂平库区航道,贵港枢纽下游设计最低通航水位与桂平枢纽上游设计最低通航水位均为28.60m,两枢纽水位衔接。贵港和桂平两枢纽均为径流式电站,枯水期航道条件相对较为优良,洪水期枢纽敞泄,河段恢复为天然状态。目前,贵港枢纽至桂平枢纽河段航道维护等级为内河Ⅱ级,航道维护尺度为3.5m×80m×550m,通航保证率为98%。

4)桂平枢纽至长洲枢纽河段

桂平至长洲段长164km,其中桂平枢纽至鲫鱼滩约30km河段为库尾回水变动区。长洲枢纽按正常蓄水位(20.6m)运行时,可与桂平枢纽衔接。长洲枢纽为径流式电站,枯水期航行条件良好,洪水期枢纽敞泄,河段恢复为天然状态,库尾变动回水区段的羊栏滩、蓑衣滩、鲫鱼滩以及常年回水段的力江沙、三沙姑翁、将军滩、盐蛇滩、十二基狗尾划滩、黄石滩9个滩段存在不同程度的碍航。目前,桂平枢纽至长洲枢纽河段航道维护等级为内河Ⅱ级,航道标准维护尺度与贵港至桂平段相同。

5)长洲枢纽以下河段

长洲枢纽至思贤滘河段全长228km,目前为天然河道。

其中,长洲至界首段23km为长洲坝下近坝天然航道,受长洲电站调度运行影响较大,存在龙圩水道、洗马滩、鸡笼洲、界首滩4个滩险,枯水落差1.26m,平均比降0.63‰,枯水期滩段航道水深较小。

界首至肇庆河段全长171km,属于平原河流,自上而下依次有蟠龙、新滩、都乐3处碍航浅滩(习称"三滩"),枯季都乐滩附近已经明显受潮汐影响。本河段目前航道维护标准为内河Ⅱ级、都城以下同时满足Ⅲ级港澳线标准,界首至都城段37km航道尺度为3.5m×80m×550m、都城至肇庆段134km航道尺度4.0m×80m×550m。

肇庆至思贤滘34km河段属于西江下游(肇庆—虎跳门)出海航道的一部分,目前,该河段航道尺度为6.0m×100m×650m,可双向通航3 000t级海轮。

2.1.2 桥梁现状

截至2013年5月,西江航运干线南宁至思贤滘河段现有(已建、在建)桥梁共49座,其中,南宁至西津枢纽段有22座、西津枢纽至贵港枢纽段有3座、贵港枢纽至桂平枢纽段有8座、桂平枢纽至长洲枢纽段有6座、长洲枢纽以下有10座,位置如图2-2～图2-7所示。

根据桥梁建设时间统计结果,1993年之前建设桥梁8座,其中,贵港铁路桥在1954年建成;1994～2007年建设桥梁18座;2007～2013年建设桥梁5座;目前在建桥梁18座。

根据《内河通航标准》(GB 50139—2014)规定,天然和渠化河流水上过河建筑物净空尺度:Ⅲ级航道净高不小于10m,Ⅱ级航道不小于10m,Ⅰ级航道不小于18m,起算水位为20年一遇洪水水位,其中山区河流Ⅲ级航道起算水位可以降为10年一遇。据此分析可知,西江航运干线桥梁净高满足Ⅲ级、Ⅱ级通航标准要求桥梁47座,占总桥梁数量95.9%;满足Ⅰ级标准要求桥梁4座,占总桥梁数量8.2%。不满足Ⅲ级净高尺度要求桥梁2座,分别为1964年建成的邕江大桥和1954年建成的贵港铁路大桥,桥梁净高为6m和6.3m。

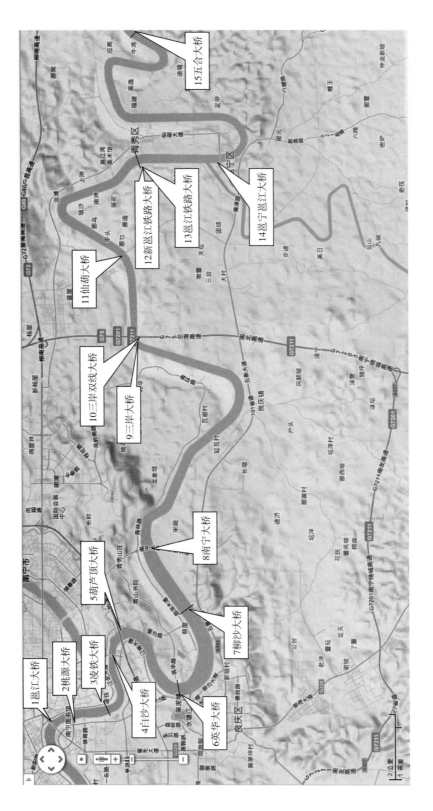

图2-2 南宁至西津现有22座大桥位置

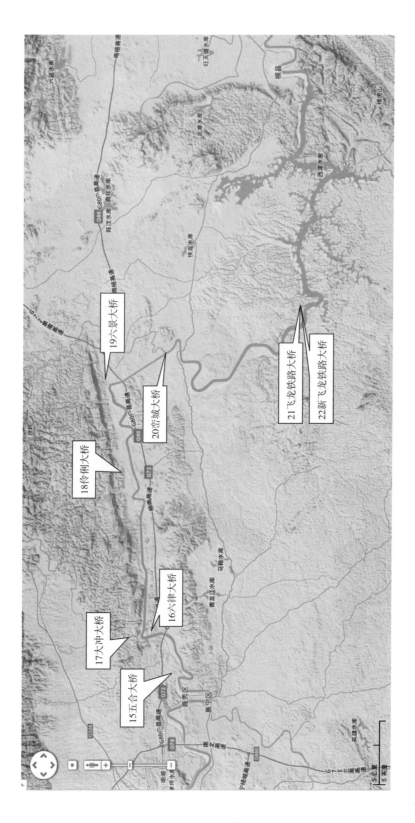

图2-3 南宁至西津现有22座大桥位置

2 西江航运干线高等级航道通航标准研究

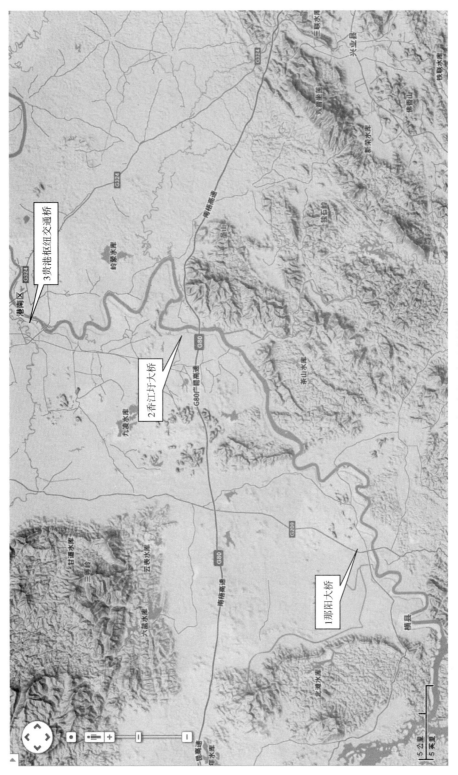

图2-4 西津至贵港现有3座大桥位置

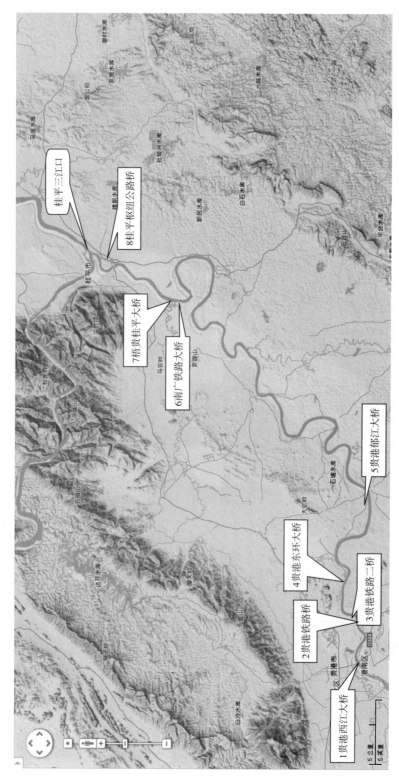

图2-5 贵港至桂平现有8座大桥位置

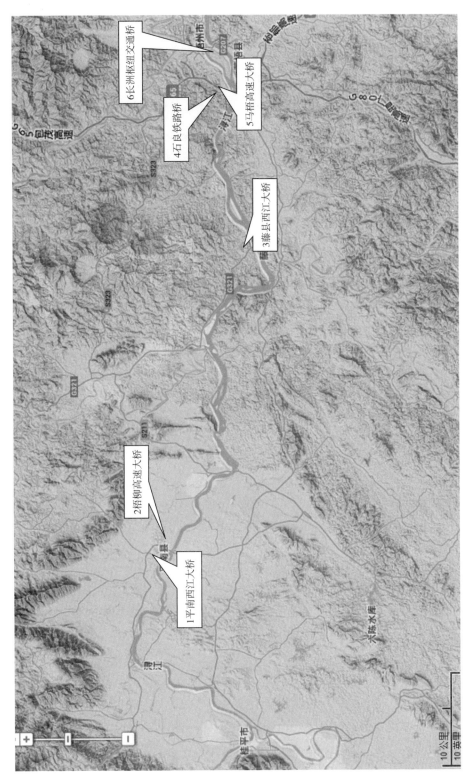

图2-6 桂平至长洲枢纽现有6座大桥位置

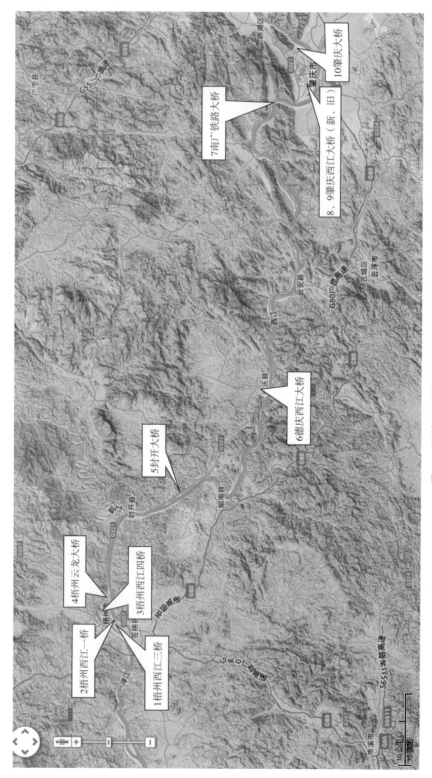

图2-7 长洲枢纽至肇庆现有10座大桥位置

2.1.3 船型尺度

1)广西境内船型现状

广西船舶主要以货运船舶为主,截至2013年3月,广西拥有在册内河船舶10 077艘,其中干杂货船和集装箱船占97.0%,其余为工程船、油船和液货船。据长洲枢纽过闸船舶资料统计结果,2012年船舶过闸量为86 760艘,过闸船舶核载总重为9 501万吨,平均核载重为1 095t。

广西2 000t级及以上船舶在册200余艘,船舶型深4.0~5.3m,型宽12.5~15.0m,一般船高14.0~15.0m,个别船高18.21m,船舶放倒桅杆后空载船舶水线以上的高度均在11.0m以内。3 000t级及以上船舶8艘,最新建造的内河最大的多用途船翔海888(珠海籍)总长达到了90.71m,载重5 362t,船舶全高19.65m,该船空船压载桅杆放倒后船舶水线以上的高度为12.3m。

2)广东省珠江三角洲地区现有船型分析

珠江三角洲地区主要有运输煤炭、水泥、矿建材料的干货船,运输货物集装箱和新造商品箱的集装箱船,运输成品、化学的液体散货船及自卸砂石船。

根据广东省船检部门提供的资料,广东2 000~3 000t级货运船舶主要是以集装箱、干货船和散货船为主,船舶总长为49.98~95.0m,型深为4.0~6.5m,较广西籍同类型船型稍大,上层建筑为2~3层,层高2.35m以内。在统计的300多艘船舶中,除有2艘船舶全高达到了26.5m以上、倒桅杆后净空高度超过13m外,其余船舶倒桅杆压载后净空高度均在12.5m以内。

2.1.4 船闸尺度

西江航运干线共建有西津、贵港、桂平和长洲四座枢纽,船闸尺度见表2-2。四座枢纽的船闸由于建设年代间隔较大,已建船闸尺度大小不一,随着西江航运的快速发展,4座枢纽均扩建了船闸,新扩建的船闸均能满足Ⅰ级船闸建设标准,可以全线通航3 000t级货船和一顶2×3 000t级船队。

西江航运干线船闸统计表　　　　　表2-2

枢纽	船闸	船闸尺度[长(m)×宽(m)×底槛水深(m)]	状态	备注
西津水利枢纽	一线	190×15×3.5	已建	两级船闸
	二线	280×34×5.8	待建	开展前期工作
贵港航运枢纽	一线	190×23×3.5	已建	1998年1月建成
	二线	280×34×5.8	待建	2011年开工建设
桂平航运枢纽	一线	190×23×3.5	已建	1989年建成
	二线	280×34×5.6	已建	2011年10月建成
长洲水利枢纽	一线	200×34×4.5	已建	2007年5月建成
	二线	185×23×3.5	已建	2007年3月建成
	三线	340×34×5.8	在建	2010年开工建设
	四线	340×34×5.8	在建	2010年开工建设

2.2 西江航运干线跨河桥梁通航净空尺度技术标准

随着西江航运干线通航条件的逐渐改善,以及西江经济带发展对水运的日益依赖,航道等级提升势在必行。2007年《全国内河航道与港口布局规划》发布之前,南宁至梧州段航道规划等级为Ⅲ级,梧州至肇庆段规划等级为Ⅱ级,肇庆以下为Ⅰ级;2007年9月之后南宁至梧州规划为Ⅲ级及Ⅲ级以上,2010年4月规划为Ⅱ级,航道远期预留为Ⅰ级,而梧州以下航段规划等级未变化;2013年3月国务院批复的《珠江流域综合规划(2012—2030年)》中西江航运干线南宁至思贤窖段规划为Ⅰ级航道,通航3 000t级船舶。随着航道等级的提升,跨河建筑物的通航尺度也需进行较大的调整,在2013年之前,桥梁10m净高即能满足要求,待航道等级提升至Ⅰ级之后,桥梁净高尺度需提高至18m,由于已建和在建的桥梁众多,因此需对现有桥梁适航标准进行研究,为航运和海事主管部门提供参考;对于新建跨河桥梁,需结合西江山区河流特点,研究提出西江航运干线跨河桥梁设计最高通航水位洪水重现期标准。

2.2.1 现有跨河桥梁通航净空尺度适航标准

1)代表船型所需通航净高尺度

西江航运干线Ⅰ级航道跨河桥梁所需通航净空尺度计算,可结合选取的代表船型尺度参数,通航净高按照设计最高通航水位以上船舶(队)载的水上高度加富余水深进行计算。

以西江航运干线3 000t级干货船、液货船和集装箱发展船型为例,对不同船型的空载时最大船高和倒桅后最大船高进行了分析,结果显示,空载时最大船高为17m,倒桅后空载最大船高为12.0m,考虑3 000t级船舶航行富余水深0.5~1.0m,跨河建筑物倒桅前后所需净高尺度分别为17.5~18.0m和12.5~13.0m。

2)现有桥梁通航净高分析

为研究现有桥梁不同洪水流量条件下的净高尺度,建立了南宁至肇庆二维水流数学模型,计算了不同洪水重现期各个桥区的水位,以此判断现有桥梁的净高尺度满足何种要求。计算结果见表2-3。

各桥梁不同洪水重现期条件下通航净高 表2-3

编号	桥梁名称	建成时间(年)	设计通航净高(m)	设计最高通航水位		不同洪水重现期通航净高(m)			
				水位(m)	重现期(年)	2年	5年	10年	20年
1	邕江大桥	1964	6	74.50	5	7.6	5.4	4.1	2.3
2	桃源大桥	2009	10	76.25	10	13.5	11.3	10.0	8.2
3	凌铁大桥	在建	10	76.33	10	13.6	11.4	10.0	8.3
4	白沙大桥	1993	10	74.76	5	12.3	10.0	8.8	7.0
5	葫芦顶大桥	2007	10	75.90	10	13.5	11.2	10.0	8.2
6	英华大桥	在建	13	77.47	20	18.3	16.1	14.8	13.0

续上表

编号	桥梁名称	建成时间(年)	设计通航净高(m)	设计最高通航水位		不同洪水重现期通航净高(m)			
				水位(m)	重现期(年)	2年	5年	10年	20年
7	柳沙大桥	在建	13	77.21	20	18.3	16.2	14.8	13.0
8	南宁大桥	2009	10	75.25	10	13.5	11.4	10.0	8.2
9	三岸大桥	1997	10	73.10	5	12.1	10.0	8.6	6.9
10	三岸双线大桥	在建	22.1	74.60	10	25.7	23.6	22.1	20.5
11	仙葫大桥	2008	10	74.08	10	13.2	11.2	10.0	8.1
12	新邕江铁路大桥	在建	11.3	73.51	10	14.4	12.5	11.3	9.5
13	邕江铁路大桥	2003	10	73.44	10	13.1	11.1	10.0	8.1
14	邕宁邕江大桥	1996	10	72.02	5	11.9	10.0	8.7	7.1
15	五合大桥	在建	10	73.49	20	14.3	12.3	11.2	10.0
16	六律大桥	1998	10	70.76	5	12.0	10.0	9.0	7.8
17	大冲大桥	在建	10	71.64	10	13.1	11.1	10.0	8.8
18	伶俐大桥	在建	13	70.44	10	16.8	15.2	14.2	13.0
19	六景大桥	1998	10	67.40	10	12.1	10.9	10.0	8.9
20	峦城大桥	1995	10	66.51	10	11.9	10.0	10.0	8.8
21	飞龙铁路大桥	1998	10	65.52	20	13.0	11.9	11.1	10.0
22	新飞龙铁路大桥	在建	10	65.52	20	13.0	11.9	11.1	10.0
23	那阳大桥	1987	10	54.20	5	12.5	10.0	8.9	7.8
24	香江圩大桥	2003	10	52.16	20	14.6	11.8	10.7	10.0
25	贵港枢纽交通桥	2000	10	46.51	5	12.9	10.0	8.8	7.9
26	贵港西江大桥	1980	10	45.53	5	12.6	10.0	8.9	7.9
27	贵港铁路桥	1954	6.33	45.25	5	9.2	6.4	5.6	4.6
28	贵港铁路二桥	2000	10	45.94	10	13.5	10.7	10.0	9.0
29	贵港东环大桥	在建	13	46.50	20	17.6	14.9	14.1	13.0
30	贵港郁江大桥	在建	13	45.40	20	17.3	14.6	13.9	13.0
31	南广铁路大桥	在建	13	42.60	20	18.8	15.6	14.4	13.0
32	贵梧桂平大桥	在建	13	42.50	20	18.8	15.6	14.3	13.0
33	桂平枢纽公路桥	2009	10	40.70	10	14.4	11.2	10.0	8.4
34	平南西江大桥	1992	10	32.34	5	13.0	10.0	8.8	7.7
35	梧柳高速大桥	在建	13	34.33	20	18.2	15.2	14.0	13.0
36	藤县西江大桥	2003	10	27.40	10	13.9	11.4	10.0	9.2
37	石良铁路桥	2005	10	25.86	10	14.1	11.9	10.0	9.3
38	马梧高速大桥	2006	10	25.79	10	14.0	11.8	10.0	9.2

续上表

编号	桥梁名称	建成时间(年)	设计通航净高(m)	设计最高通航水位		不同洪水重现期通航净高(m)			
				水位(m)	重现期(年)	2年	5年	10年	20年
39	长洲枢纽交通桥	在建	13	25.93	10	17.3	15.0	13.0	12.4
40	梧州西江三桥	在建	13	26.39	20	18.2	16.0	14.0	13.0
41	梧州西江一桥	1990	10	25.13	10	14.1	12.0	10.0	8.8
42	梧州西江四桥	在建	13	26.36	20	18.5	16.3	14.5	13.0
43	梧州云龙大桥	1998	10	24.19	10	13.6	11.7	10.0	8.3
44	封开大桥	2010	18	24.85	20	23.9	21.7	20.0	18.0
45	德庆西江大桥	1999	12.5	20.32	20	17.5	15.4	13.8	12.5
46	南广铁路大桥	在建	24	15.10	20	28.7	26.6	25.3	24.0
47	肇庆西江大桥(旧)	1987	11.5	13.59	20	15.6	13.5	12.3	11.5
48	肇庆西江大桥(新)	2005	18	13.59	20	22.1	20.0	18.8	18.0
49	肇庆大桥	2001	18	13.45	20	22.1	20.0	18.8	18.0

3)通航净高适航性

经统计分析(表2-4),研究河段在20年一遇洪水时,49座跨河桥梁中,通航净高在18m以上的有5座,仅占10%;15~18m之间为0座;13~15m之间有10座,占21%;13m以下有34座,占69%。

不同洪水重现期满足不同净高桥梁个数统计 表2-4

洪水重现期 通航净高(m)	20年一遇	10年一遇	5年一遇	2年一遇
$h<10$	27	10	2	2
$10\leqslant h<13$	7	22	29	9
$13\leqslant h<15$	10	12	3	20
$15\leqslant h<18$	0	0	10	6
$h\geqslant 18.0$	5	5	5	12

随洪水重现期逐渐缩短,研究河段的水位逐渐降低,跨河桥梁的通航净高逐渐增加。5年一遇洪水与20年一遇洪水时相比,虽然通航净高18m以上的桥梁数量没有变化(均为5座),净高在13m以下桥梁数量变化不大(由34座减至31座),但净高在15~18m之间的桥梁由0座增至10座,净高在10~13m之间的桥梁由7座增至29座。

2年一遇洪水与5年一遇洪水时相比,通航净高在18m以上的桥梁由5座增至12座;13~18m之间的桥梁由13座增至26座;13m以下的桥梁大幅减少,由31座减至11座,仅占全部桥梁的22%。

通过对西江干线南宁、贵港、大湟江口、梧州4个水文站1986~2012年的27年资料进行分析,各站高于2年一遇水位的历时,多年累积历时最长的为贵港水文站,多年平均4.3天/年,洪水通航水位保证率可以达到98.8%,对船舶运输影响较小。

通过对13m以下的11座桥梁建成时间、通航净高及所处河段位置等要素分析(结果见表2-5),可以看出,各座桥梁建成时间相对较早,均在2000年以前;通航净高最低的2座桥梁分别为1964年建成的邕江大桥(7.6m)和1954年建成贵港铁路桥(9.2m),其余9座通航净高均大于10m,其中有7座大于12m。就各桥所处河段而言,通航净高不满足河段均位于桂平枢纽以上河段,其中南宁至西津枢纽段有7座,西津枢纽至贵港枢纽段有2座,贵港枢纽至桂平枢纽段有2座。

2年一遇洪水时通航净高小于13m的桥梁情况　　　　表2-5

编号	桥梁名称	建成时间(年)	通航净高(m)	所处河段
1	邕江大桥	1964	7.6	南宁—西津
2	白沙大桥	1993	12.3	
3	三岸大桥	1997	12.1	
4	邕宁邕江大桥	1996	11.9	
5	六律大桥	1998	12.0	
6	六景大桥	1998	12.1	
7	峦城大桥	1995	11.9	
8	那阳大桥	1987	12.5	西津—贵港
9	贵港枢纽交通桥	2000	12.9	
10	贵港西江大桥	1980	12.6	贵港—桂平
11	贵港铁路桥	1954	9.2	

因此,西江航运干线Ⅰ级航道现有跨河桥梁通航净空尺度标准按照设计最高通航水位洪水重现期2年、通航净高不小于18m进行控制,同时配合船舶倒桅措施,则西江航运干线78%的现有桥梁通航净高满足3000t级船舶安全通过的要求。

2.2.2 新建跨河桥梁通航净空尺度标准

西江航运干线3000t级货运发展船型所需跨河通航净高为17.5~18.0m,与现行国标《内河通航标准》(GB 50139—2014)规定的Ⅰ级航道跨河桥梁通航净高尺度不小于18m的规定基本一致,因此,本节主要结合西江山区河流特点,研究提出西江航运干线新建河桥梁设计最高通航水位洪水重现期标准。

长洲枢纽以下至思贤滘间228km位于西江下游,由山区河流向平原河流过渡,为不受船闸通航限制的天然河段,是一条出海通道,与珠江三角洲高等级航道连通。因此,该段新建河桥梁应按照现行国标《内河通航标准》(GB 50139—2014)规定的设计最高通航水位洪水重现期为20年的标准。以下主要通过对南宁、贵港、大湟江口三水文站水文资料进行分析,研究提出西江航运干线南宁至长洲枢纽之间河段新建河桥梁设计最高通航水位洪水重现期标准。

1) 基本水文站特征洪水位分析

对西江干线南宁、贵港、大湟江口 3 个水文站 1986～2012 年 27 年中每年最高水位资料进行统计分析,得到各站洪水重现期 2 年、3 年、4 年、5 年、10 年、15 年、20 年的特征水位如表 2-6、表 2-7 所示。

基本水文站特征水位(单位:m) 表 2-6

水文站名称	洪水重现期						
	2 年	3 年	4 年	5 年	10 年	15 年	20 年
南宁水文站	70.92	72.21	72.98	73.53	75.17	76.11	76.64
贵港水文站	41.22	42.48	43.17	43.64	44.93	45.61	45.95
大湟江口水文站	33.31	34.75	35.56	36.10	37.59	38.37	38.76

基本水文站特征差值(单位:m) 表 2-7

水文站名称	不同重现期水位差值					
	3 年－2 年	4 年－3 年	5 年－4 年	10 年－5 年	15 年－10 年	20 年－15 年
南宁水文站	1.28	0.77	0.55	1.64(0.33)	0.94(0.19)	0.53(0.11)
贵港水文站	1.25	0.70	0.47	1.29(0.26)	0.68(0.14)	0.34(0.07)
大湟江口水文站	1.44	0.81	0.54	1.49(0.30)	0.78(0.16)	0.40(0.08)

注:括号内为转化为年均差值。

由表 2-6、表 2-7 可以看出,西江航运干线三个水文站同一级别重现期水位的差值接近,且均随洪水重现期的减小,相邻重现期水位差值逐渐增加。以南宁水文站为例,洪水重现期 20 年与 15 年间水位差值为 0.53m,年均差值为 0.11;洪水重现期 10 年与 5 年间水位差值为 1.64m,年均差值为 0.19;洪水重现期 5 年与 4 年间水位差值增至 0.55m,而洪水重现期 3 年与 2 年间水位差值增至 1.28m。

2) 基本水文站特征洪水历时分析

采用上述各水文站 1986～2012 年 27 年逐日平均水位资料,统计历年洪水位高于不同洪水重现期对应水位的历时,结果见表 2-8。

各站历年高于各洪水重现期对应水位的历时统计(单位:d) 表 2-8

洪水重现期	2 年一遇			5 年一遇			10 年一遇			20 年一遇		
水文站名	南宁	贵港	大湟江口	南宁	贵港	大湟江口	南宁	贵港	大湟江口	南宁	贵港	大湟江口
1986	15	17	0	7	6	0	3	4	0	0	0	0
1987	0	0	0	0	0	0	0	0	0	0	0	0
1988	0	3	7	0	0	4	0	0	0	0	0	0
1989	0	0	0	0	0	0	0	0	0	0	0	0
1990	0	0	0	0	0	0	0	0	0	0	0	0
1991	1	1										

续上表

洪水重现期	2年一遇			5年一遇			10年一遇			20年一遇		
水文站名	南宁	贵港	大湟江口	南宁	贵港	大湟江口	南宁	贵港	大湟江口	南宁	贵港	大湟江口
1992	5	5	1	3	0	0	0	0	0	0	0	0
1993	0	0	2	0	0	0	0	0	0	0	0	0
1994	23	28	12	8	14	4	2	5	3	0	4	0
1995	0	0	0	0	0	0	0	0	0	0	0	0
1996	4	5	4	0	0	2	0	0	0	0	0	0
1997	2	3	3	0	0	0	0	0	0	0	0	0
1998	1	7	9	0	0	3	0	0	2	0	0	0
1999	0	0	2	0	0	0	0	0	0	0	0	0
2000	0	0	2	0	0	0	0	0	0	0	0	0
2001	16	17	4	11	9	0	8	7	0	6	5	0
2002	3	6	7	0	0	0	0	0	0	0	0	0
2003	0	0	0	0	0	0	0	0	0	0	0	0
2004	2	4	4	0	0	1	0	0	0	0	0	0
2005	1	4	5	0	0	3	0	0	2	0	0	0
2006	6	6	0	0	0	0	0	0	0	0	0	0
2007	0	0	0	0	0	0	0	0	0	0	0	0
2008	15	10	3	6	3	0	3	0	0	0	0	0
2009	0	0	2	0	0	0	0	0	0	0	0	0
2010	0	0	0	0	0	0	0	0	0	0	0	0
2011	1	0	0	0	0	0	0	0	0	0	0	0
2012	3	0	0	0	0	0	0	0	0	0	0	0
累计	98	116	67	35	29	17	16	16	7	6	9	0
多年平均值	3.6	4.3	2.5	1.3	1.1	0.6	0.6	0.6	0.3	0.2	0.3	0.0
洪水保证率(%)	0.990	0.988	0.993	0.996	0.997	0.998	0.998	0.998	0.999	0.999	0.999	1.000

由表 2-8 可以看出，西江长洲枢纽以上河段具有洪峰历时短的山区河流特征，各基本水文站特征洪水历时随重现期的减小而增加。以贵港水文站为例，高于 20 年、5 年、2 年一遇水位的多年累积历时分别为 9d、29d、116d，平均每年分别为 0.3d、1.1d、4.3d。通过对各水文站特征洪水历时与重现期进行相关分析(图 2-8)，可以看出，在 5 年一遇洪水附近存在一处拐点，即重现期大于 5 年一遇和小于 5 年一遇时，洪水历时与重现期分别服从不同的线性相关。当重现期大于 5 年一遇时，高于不同重现期对应水位的历时随重现期的增加稍有增加，南宁水文站、贵港水文站、大湟江口水文站线性相关中 K 值分别为 -1.55、-0.98、-0.96；而重现期小于 5 年一遇时，高于不同重现期对应水位的历时随重现期的减小显著增加，上述三水文站线性相关中 K 值分别为 -24.5、-37.0、-22.0。

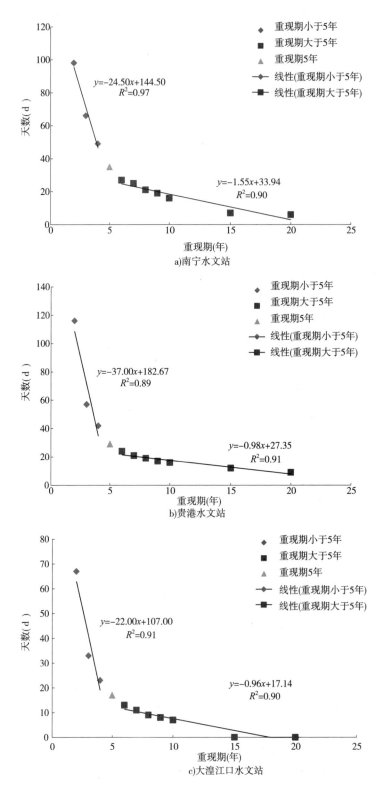

图 2-8　不同水文站特征洪水历时与重现期相关性分析

3）设计最高通航水位洪水重现期标准

现行国标《内河通航标准》(GB 50139—2014)已经注意到平原河流和山区河流水文过程特点的差异，对于较低等级的航道，标准规定："对出现高于设计最高通航水位历时很短的山区河流，Ⅲ级航道洪水重现期可采用10年；Ⅳ级和Ⅴ级航道可采用5～3年；Ⅵ级和Ⅶ级航道可采用3～2年。"

西江航运干线南宁至长洲枢纽河段属于山区河流，其具有以下特点：①洪水暴涨暴落，洪峰历时很短；②沿江两岸地势较低，设计最高通航水位标准难以按照现行技术标准规范的规定执行；③因洪水期水流急、流态差，海事管理机构为了确保船舶通航安全发布封航通告禁止船舶航行，实际上降低了最高通航水位标准。

根据南宁、贵港、大湟江口3个水文站特征洪水位及历时特征分析，洪水重现期小于5年一遇时，高于不同重现期对应水位的历时随重现期的减小显著增加，因此，提出西江航运干线南宁至长洲枢纽河段新建跨河桥梁设计最高通航水位洪水重现期标准为5年。

统计南宁、贵港、大湟江口3个水文站高于5年一遇水位的历时，各站多年累积历时分别为35d、29d、17d，平均每年分别为1.3d、1.1d、0.6d，洪水通航水位保证率分别为99.6%、99.7%、99.8%。统计各水文站高于20年一遇水位的历时，各站多年累积历时分别为6d、9d、0d，平均每年分别为0.2d、0.3d、0d。洪水通航水位保证率分别为99.9%、99.9%、100%。可以看出，最高通航水位洪水重现期标准为5年与20年相比，对船舶运输影响平均每年相差仅1d左右，影响较小。

此外，在大洪水期间，海事部门将根据河流水流实际情况，发布通航应急预警，当洪水位超过当地警戒水位一定程度后，采取封航措施，禁止船舶航行。西江航运干线各航区封航水位如表2-9所示。可以看出，各基本水位站5年一遇洪水位均高于各航区封航水位，即新建跨河桥梁设计最高通航水位洪水重现期标准取5年已大于实际通航标准。

海事机构对主要通航河段封航水位（单位：m）　　　　表2-9

航区名称	封航水位 (1)	5年一遇水位 (2)	20年一遇水位 (3)	(2)-(1)	(3)-(1)
南宁航区	南宁大坑口 73.14	73.53	76.64	0.39	3.5
贵港航区	贵港水文站 43.00	43.64	45.95	0.64	2.95

2.3　西江航运干线航道尺度研究

西江航运干线南宁至长洲枢纽河段基本为库区航道，长洲枢纽以下为天然河段。由于各枢纽蓄水位的变化，使库区航道分为常年回水区和变动回水区，常年回水区河宽水深，水流平缓，航道尺度提升主要受河道弯曲半径限制；变动回水区和天然段航道尺度提升的经济技术可行性，需同时考虑航深、航宽及弯曲半径的要求。因此，将西江干线分为常年回水区、变动回水区、天然河段3段，依据不同代表船型尺度，计算Ⅰ级航道所需的航道尺度，并分析不同河段与达到所要求的航道尺度的可能性。

2.3.1 航道尺度计算及选取

根据代表船型计算出Ⅰ级航道所需的航道尺度如下：

当以船队为代表船型时，航道尺度为：$(4\sim4.1)\text{m}\times89.2\text{m}\times670\text{m}$。

当以单船为代表船型时，航道尺度为：$(3.7\sim4.4)\text{m}\times(71.6\sim75.3)\text{m}\times360\text{m}$。

考虑到水运长远发展的需要，兼顾船舶与船队不同船型，提出西江航运干线肇庆以上河段Ⅰ级航道尺度建议标准值为：$(4.0\sim4.4)\text{m}\times90\text{m}\times670\text{m}$；肇庆至思贤滘河段为通航3 000t级海轮航道，按照现有维护尺度标准：$6.0\text{m}\times100\text{m}\times650\text{m}$。

2.3.2 不同航段达到Ⅰ级航道尺度的可能性分析

1) 南宁至西津河段

南宁至洰滩河段受西津枢纽运行调度影响，属于变动回水区，在设计流量下，当西津坝上水位下降至58.62m以下时，洰滩以上河段基本转化为原天然状态的山区河流特征，因设计流量较小($243\text{m}^3/\text{s}$)，河段比降大，现状条件下，该河段若要提升至Ⅰ级航道尺度则难度较大。根据相关规划，为满足航运、南宁市城市水景观等方面的要求，洰滩下游将建设邕宁梯级枢纽，初步推荐正常蓄水位66m，死水位65m，届时老口枢纽与西津枢纽水位衔接，老口枢纽上游至南宁将被渠化，因此该河段能够达到Ⅰ级航道尺度要求。

南宁中心港牛湾作业区以下124km航道处于西津枢纽库区内，航道水深条件良好。若要提升至Ⅰ级航道，航深和航宽问题不大，主要问题为部分河段弯曲半径不满足要求。据统计，弯曲半径在670m以下有13处河段，弯曲半径在550m以下有3处河段。

2) 西津枢纽至贵港枢纽河段

西津枢纽至贵港枢纽河段全长104km，贵港枢纽和西津枢纽的最低通航水位实现衔接。若将航道标准提高至Ⅰ级，航宽和航深问题不大，航道弯曲半径不足是主要问题。据统计，该河段弯曲半径小于670m的弯段共有塘表村弯段、白沙渡口段等17处，其中弯曲半径在550m以下的弯段有江湾村弯段、黎屋村弯段、竹山村弯段共3处。

3) 贵港枢纽至桂平枢纽河段

贵港至桂平枢纽河段全长110km，贵港枢纽和桂平枢纽最低设计水位衔接。该河段提升至Ⅰ级航道的限制条件仍为航道弯曲半径不足的问题。据统计，该河段弯曲半径小于670m的弯段共有沙岗滩上弯段、沙岗滩下弯段、大壬滩上游万敬圩弯段、秀江渡弯段、龙村角弯段5处。

4) 桂平枢纽至长洲枢纽河段

桂平至长洲河段全长164km，桂平枢纽与长洲枢纽最低通航水位实现了衔接，目前航道等级为Ⅱ级，该段航道中库尾鲫鱼滩以上30km航段设计水位水深较浅，鲫鱼滩尾至长洲段为水深条件优良的库区航道。目前库尾变动回水区段的羊栏滩、蓑衣滩、鲫鱼滩以及常年回水段的力江沙、三沙姑翁、将军滩、盐蛇滩、十二基狗尾划滩、黄石滩9个滩段还存在不同程度的碍航，主要表现为水深不足，或者存在暗礁、突咀、石角碍航，局部弯段转弯半径偏小等。该段航道提升至Ⅰ级航道，存在的主要问题为回水变动区航道水深不足，通航水流条件紊乱。

5) 长洲枢纽以下河段

长洲枢纽下游至思贤窖为天然河段,河段全长228km,其中肇庆以上河段长194km,航道等级为Ⅱ级,肇庆至思贤窖河段全长34km,航道等级为Ⅰ级,可通航3 000t级海轮。长洲至都城河段的广西境内的界首滩、广东境内的"三滩"是控制下游航道尺度的关键滩险,界首滩位于长洲坝下约10km处,主要问题为枯水水深不足,广东的"三滩"位于感潮河段,受潮流影响,局部河段易出浅。依据南京水利科学研究院2012年编制完成的《西江长洲水利枢纽下游航道整治工程模型试验研究报告》,通过系统整治,西江航运干线长洲至肇庆航段可以达到Ⅰ级航道尺度标准。

2.4 西江航运干线航道通航标准研究

2.4.1 代表船型尺度标准

依据西江航运干线现有及规划船型及尺度情况,兼顾水运长远发展需要,根据交通运输部珠江航务管理局编制的《西江航运干线运输船型标准研究》(2010年),初步确定西江航运干线代表船舶(队)及其船型主尺度如表2-10所示。

代表船型及主尺度标准(单位:m)　　　　表2-10

航道等级	船型名称	总长	型宽	设计吃水
Ⅰ级航道	一顶2×3 000t船队	223	16.2	3.5
	3 000t级船舶	90	16.2	3.2～3.8
	3 000t海轮(肇庆至思贤窖)	98	15.8	5.8

2.4.2 跨河桥梁通航净空尺度建议标准值

结合西江现有及发展货运船型和现有各桥梁设计通航净空尺度情况,提出西江航运干线Ⅰ级航道现有跨河桥梁设计最高通航水位洪水重现期采用2年,同时配合船舶倒桅措施。对于新建跨河桥梁,提出西江航运干线南宁至长洲枢纽段设计最高通航水位洪水重现期应采用5年,长洲枢纽至肇庆河段采用20年,通航净高均不小于18m;通航海轮的肇庆以下河段,其通航净空尺度按照《通航海轮桥梁通航标准》(JTJ 311—1997)论证确定。

根据西江航运干线设计代表船型分析可知,Ⅰ级航道桥区单线航道宽度应不小于93m,双线航道宽度应不小于174m。"04标准"中规定Ⅰ级航道单线航宽不小于110m,双线航道航宽不小于220m。在考虑船型大型化发展基础上,根据西江现有航道特点,建议跨河桥梁通航净宽尺度采用"04标准"规定数值。

对于过河线缆等设施建议按照"04标准"规定执行。

西江航运干线新建跨河桥梁通航净空尺度建议标准值如表2-11所示。

2.4.3 枯水期航道尺度建议标准值

结合西江不同河段航道特点及代表船型尺度,提出西江航运干线枯水期航道尺度建议标准值如表2-12所示。

跨河桥梁通航净空尺度建议标准值　　　　　表 2-11

序号	河段	最小净空高度(m)	最小净空宽度(m)		设计最高通航水位的洪水重现期(年)
			单向通航孔	双向通航孔	
1	南宁至长洲枢纽	18	110	220	5
2	长洲枢纽至肇庆				20
3	肇庆至思贤滘	按照《通航海轮桥梁通航标准》(JTJ 311—1997)论证确定			

枯水期航道尺度建议标准值(单位:m)　　　　　表 2-12

航道等级	水深	直线段宽度	弯曲半径
Ⅰ级航道(南宁至肇庆)	4.0～4.4	90	670
3 000t 海轮航道(肇庆至思贤滘)	6.0	100	650

2.4.4 洪水期航行水流条件限制指标建议标准值

选取本项目研究提出的代表船型尺度及参数,运用航行阻力推算法代表船型的上滩能力曲线,结合不同河段各洪水重现期时沿程流速和局部比降变化分析,提出西江航运干线洪水期航行水流条件限制指标建议标准值如表 2-13 所示。

洪水期航行水流条件限制指标建议标准值　　　　　表 2-13

比降 J(‰)	0.1	0.2	0.3	0.4
流速 V(m/s)	3.6	3.4	3.1	2.7

2.4.5 船闸有效尺度建议标准值

结合西江不同代表船型尺度,提出西江航运干线Ⅰ级船闸尺度标准如表 2-14 所示。船闸有效长度应根据设计船舶、船队或其他船舶、船队合理组合的长度并考虑富余长度确定,经论证需加大长度的可在表 2-14 规定长度的基础上增加。

船闸有效尺度建议标准值(单位:m)　　　　　表 2-14

船闸级别	有效长度	有效宽度	门槛水深
Ⅰ级	280	34	6.1

2.5 本章小结

采用现场踏勘、资料分析计算和数值模拟相结合的研究手段,在《内河通航标准》(GB 50139—2014)的基础上结合西江航运干线不同河段特点,研究提出了西江航运干线Ⅰ级航道的代表船型主尺度、跨河桥梁通航净空尺度、航道尺度、船闸有效尺度和航行水流条件限制指标等建议标准值。

(1)依据西江航运干线现有及规划船型尺度,兼顾水运长远发展需要,提出西江航运干线Ⅰ级航道代表船型分别为:一顶 2×3 000t 级船队、3 000t 级船舶、3 000t 海轮(肇庆至思贤滘)。

(2)西江航运干线Ⅰ级航道现有跨河桥梁设计最高通航水位洪水重现期采用2年,同时配合船舶倒桅措施。对于新建跨河桥梁,提出西江航运干线南宁至长洲枢纽段设计最高通航水位洪水重现期应采用5年,长洲枢纽至肇庆河段采用20年,通航净高均不小于18m;通航海轮的肇庆以下河段,其通航净空尺度按照《通航海轮桥梁通航标准》(JTJ 311—1997)论证确定。

(3)西江航运干线肇庆以上河段Ⅰ级航道尺度建议标准值为:(4.0~4.4)m×90m×670m;肇庆至思贤窖河段为通航3 000t级海轮航道,采取现有维护尺度标准:6.0m×100m×650m。

(4)西江航运干线洪水期船舶航行水流条件限制指标(对于3 000t级代表船型)为:$J \leqslant 0.1‰$、$V \leqslant 3.6 m/s$;$J \leqslant 0.2‰$、$V \leqslant 3.4 m/s$;$J \leqslant 0.3‰$、$V \leqslant 3.1 m/s$;$J \leqslant 0.4‰$、$V \leqslant 2.7 m/s$。

(5)Ⅰ级船闸有效尺度建议标准值为280m×34m×6.1m,其中,船闸有效长度应根据设计船舶、船队或其他船舶、船队合理组合的长度并考虑富余长度确定,经论证需加大长度的可在上述规定长度的基础上增加。

3 基于多梯级、多线船闸联合调度技术提升长洲枢纽船闸通航能力研究

长洲枢纽船闸作为西江干线的重要节点，是广西、云南、贵州通往粤港澳的唯一水运通道。随着扩建的三线、四线船闸的完成，长洲枢纽船闸通过能力得到大幅提升，但是由于交通流复杂，缺乏船闸调度管理技术支撑和管理方法参考，航运主管部门需要解决如何通过技术手段和管理措施保障长洲枢纽船闸的通过能力和通航安全。

本章针对西江多梯级、多线船闸联合调度需求，形成流域内各交通部门与其他部门统一的集成化调度平台，从而全面提高主管部门对船舶、船闸、航道等的管理水平与综合服务能力。

3.1 通航船闸调度技术现状研究

3.1.1 多梯级船闸调度技术现状

西江属于渠化河流，渠化河流中船闸的作用对于运输非常重要。国外的发展趋势是在渠化河流中将多个船闸联网，流域内船闸间能够及时地交换必需的信息，对航道内的船舶进行统一的调度，同时船闸系统可以与船舶间进行数据交换，如采用 GPS、AIS 或其他定位方式获取位置信息，通过视频交换图像或通过无线网交换船舶及岸上信息等。

从国内现有研究成果和应用案例来看，近 5 年来在多船闸联合调度领域也取得了较大进展：

(1) 三峡—葛洲坝船闸联合调度系统于 2008 年研发完成，经过两次修改，具有两坝调度、闸室排档(半自动)、GPS 自动报到等核心业务功能。其中，两坝调度是通过数学建模方式，计算出了两坝调度方案，包括：船闸放行方向、放行周期控制、放行船舶类别等项。方案经过 3 年左右的实践检验，能够起到在两坝间优化调度的目的。

(2) 嘉陵江船闸联合调度研究工作于 2009 年初结束，该研究依托嘉陵江全江渠化工程，重点研究了智能闸室排档算法和联合调度系统软件架构。智能闸室排档算法在极端条件下，可实现闸室平均利用率达到 70%，联合调度系统通过筛选调度节点，构建船闸调度链并部署调度应用的方式，实现联合调度功能。

(3) 京杭大运河船闸调度实现苏南地区船闸调度数据上报，调度方案的动态发布。

但是，三峡—葛洲坝船闸与西江流域船闸的不同在于：其一，三峡、葛洲坝两坝间只有 50km 左右，而西江船闸间动辄百公里间距，因此西江船闸联合调度的难度明显大于三峡船闸；其二，三峡—葛洲坝船闸管理主体为同一家单位，而西江数十座枢纽船闸的产权、管理单位不同，信息化建设水平有差异，若要进行联合调度需要自上而下规范化的进行统一建设。

嘉陵江联合调度还仍以人工调度为主，凭借经验，编制调度方案，缺乏科学依据，易产生管

理漏洞。而且研究对于在途船舶的因素考虑不够,船舶动态采集仅限于船闸上下游特定区域(利用 RFID 实现船舶动态采集),对于联合调度缺乏数据支撑。

京杭大运河船闸调度以单闸调度为主,"监"的作用大于"管"的作用。

因此,这三个系统的调度方案对西江船闸联合调度有参考作用,但无法完全满足需要。

3.1.2 船闸排档技术现状

船闸闸室排档的目的是在保证通航安全的前提下,最大化地利用闸室有效面积,组织船舶高效过闸。目前国内船闸排档主要依靠人工和智能生成两种主要方式。

(1)人工方式。我国是世界上最早建立船闸的国家,到目前已有上百座船闸,船闸建设和船闸管理的历史也积累了上百年的经验。但是我国目前大多数船闸的闸室排布方法还遵循着古老的人工手动排布法,就是调度人员根据来船的先后顺序,依次对船舶进行排布。排布效率较低,依赖人员调度经验,易产生管理漏洞。

(2)智能自动排档方式。智能自动排档从数学计算复杂性上来看可归为最高计算复杂性的 NP(Non-deterministic Polynomial)完全问题。较为经典的解决方法是贪心算法,即从问题的某一个初始解出发,制定一个量度标准,逐步以最优解逼近给定的目标,尽可能快地求得更好的解。三峡、葛洲坝船闸、嘉陵江船闸闸室自动排档均采用贪心算法的实现。但是贪心算法的缺陷是:只能求得满足某些约束条件的可行解的范围,不能保证求得的最后解是最佳的;不能用来求最大解或最小解问题。

3.1.3 船闸调度系统建设现状研究

船闸调度管理系统现阶段在船闸管理中得到了较为广泛的应用,项目组调研收集到的船闸调度系统建设情况主要可分为以下 3 类:

(1)面向船闸设备自动控制目的,定制开发的调度管理系统软件。此类系统多基于自动控制集成软件(如 CIMPLICITY、IFIX)研发,实现基于流程自动控制的船闸电气设备联动,实现简单的过闸记录和自动统计功能,但不具备过闸调度管理能力。

(2)面向单船闸调度管理目的,定制开发的调度管理系统软件。此类系统利用中小型企业级应用软件(如 VB、DELPHI 等)研发,实现基于船舶过闸调度管理流程记录、调度管理人员绩效考核等功能,主要以单机实现功能,部分实现了基于局域网的网络应用功能。此类系统开发时间较早,为单一船闸内部管理所用,不具备多船闸联动调度管理能力。

(3)面向多船闸调度管理目的,定制开发的调度管理系统软件。此类系统多利用企业级大型应用开发平台(如 JavaEE、VSStudio.net 等),主要实现某管理辖区内多梯级船闸的单闸放行管理、区域调度放行管理等功能,以网络应用为主。此类系统自 2006 年后研发,研发前缺乏该领域经验沉淀,系统业务针对性强、普适性差。

3.1.4 船舶动态信息采集技术应用现状研究

当前国内对于船舶动态采集方面的应用技术,主要分为以下 4 种。

(1)基于非接触式 IC 卡(Integrated Circuit Card,集成电路卡)的船舶信息采集方式。其工作原理为:卡内预先写入船舶基础信息,在船舶过闸报到时,通过人工介入,读卡器一次性读取卡内信息并与船闸调度管理中的相关船舶信息绑定,有效解决人工录入效率低下、容易出错的问题。该方式有效采集距离短,为 0～5m,IC 卡随身携带易丢失和损坏,适用于上岸或趸船报到点报到等有限场合,无法实现对航道船舶的动态采集。

(2)基于 RFID 技术(Radio Frequency Identification)的船舶信息采集方式。RFID 通过射频信号自动识别目标对象并获取相关数据。基本原理是在船上特定位置安装 RFID 标签(通常为有源标签),标签中写入船舶基础信息,岸上布设 RFID 天线,并通过有线网或无线网与数据采集终端相连接。其有效采集距离可达 1 000m(根据泰州船闸的应用效果),可用于各种恶劣环境,无须人工干预。但是,该方式受到 RFID 天线布设的限制,仅适用于船闸邻近区域。而长距离航道中在航船舶的信息采集需要大量布设天线,投资大,维护成本高,难操作。

(3)基于 GPS(Global Positioning System)技术的船舶信息采集方式。GPS 是由美国建立的一个卫星导航定位系统。工作原理是在船舶上安装 GPS 终端,并通过 GPRS 或 3G 模式动态与地面基站进行数据交互,上位系统动态采集船舶信息。该模式采集的船舶信息既包括船舶基础信息(如船舶尺度、注册地、所有人),又包括船舶动态信息(经纬度、航速、航向等),可以很好地解决在航船舶信息采集问题。但是,采用该模式一方面船民需承担一定的公网通信费用,另一方面由于历史原因,船载 GPS 终端规格、型号存在多样性,跨区域船舶信息采集需要解决兼容性问题。

(4)基于 AIS 的船舶动态采集技术。AIS 是一种工作在 VHF 频段的自主连续广播系统。它能在船舶之间、船舶与岸站之间,通过信息广播,交换船舶识别、船位、航向、航速等信息,提高船舶航行安全,更好地为航行船舶、船公司以及航运管理部门提供导助航和航行信息服务。

3.1.5 现阶段研究成果存在的问题及对本章内容的支撑

综合对上述通航船闸调度技术现状的分析,发现尽管各项技术应用存在一些不足,但依然对本章的内容起到了很大的支撑作用,具体如下:

(1)本章对多梯级、多线船闸调度规则的研究,借鉴了三峡、嘉陵江船闸的调度规则,结合现有长洲船闸的调度管理工作思路,凝练了总体调度规则,并细化了长洲四线船闸调度规则。

(2)现有的单船闸闸室排档算法多是基于数学优化理论,对于本章研究的单闸闸室排档算法具有较强的启发作用。本章的闸室排档算法即从"背包问题"引申、改进而成。

(3)三峡的多线船闸调度方法,本章研究同样采用了"先数学建模再实践磨合"的方式,通过分析长洲船闸的建设特点、交通流情况,构建了长洲四线船闸调度算法,该算法的制定思路同样可以用于其他多线船闸过闸调度。

(4)本章所采用基于 AIS 的船舶动态信息采集方式,其底层本质上还是基于 GPS 技术实现的,只是其国家层面支持力度更大、标准化程度更高、船民承担费用更少。

3.2 多梯级、多线船闸航段调度规则研究

3.2.1 多梯级、多线船闸总体调度原则

船闸调度管理系统的最终调度对象是在调度区段内的船舶,具体则是通过以船闸调度来实

现的,各船闸作为调度节点形成多梯级船闸调度链。整体看联合调度模式,应该是以连续布置的多座船闸作为统一调度对象的联合调度,这样才能够保证整个调度区段内,各船闸间相对独立的航道中航行密度负载平衡,各船闸待闸压力均衡,整体通航效率提高。而在单个船闸局部,则以保证闸室最大利用率、待闸区待闸船舶数量最少、相邻船闸待闸区压力最小等原则进行调度。

本节通过开展多梯级、多线船闸联合调度研究,为实现西江航运资源的优化利用,进而实现"公平、高效、绿色"的通航目标,提供技术支撑。因此,在借鉴京杭大运河、嘉陵江、三峡过坝调度管理和长洲枢纽的调度管理经验的基础上,拟定了西江多梯级船闸过闸调度总体原则,具体如下:

(1)船闸及锚地采用统一申报、统一计划、统一调度。
(2)非应急状态下,船舶先到先过,保证公平,兼顾重点。
(3)一般情况下,载运易燃、易爆、有毒、有害的危险品货物的船舶单船单过。
(4)多线船舶按照集中调度模式,调度计划及指令统一下达,在排档时充分利用闸室有效面积,使船闸闸室面积利用率最高,开闸次数尽量少。
(5)多梯级船闸调度应充分考虑上下游交通流情况,力争实现西江干线整体优化调度,航运畅通。

该原则是研究多梯级、多线船闸的指导方法。

3.2.2 多梯级、多线船闸调度方法

1)调度方法基本思路

调度基本思路是:首先根据参考日最大放行量、日平均放行量、任务下达量,人工进行预设阈值设定;然后再根据预设放行量的阈值来设定长洲船闸日放行量。

根据长洲船闸通过量阈值,结合在航船舶情况,反推上游船闸、港口通过长洲枢纽的预放行量,从贵港、大藤峡,上推直至红花、桥巩、鱼梁、先锋等船闸。推算规则:采用分层推算的模式,即根据父节点通过能力、任务量、待闸情况推算子节点分配量。以长洲枢纽为例,需推算大藤峡、桂平两船闸、大藤峡与长洲、桂平与长洲间的港口的预放行量,并逐层推算直至上游终节点。上述过程,在人工干预的前提下,只在船闸出现堵航现象时才自动计算,通过上游/下游船闸限制放行及港口签证数量的形式实现联动控制和交通分流,尽快缓解船闸拥堵。

具体计算过程如下:

如果船闸 n 突破预先设定的拥堵阈值 Y_n,则反推直至根节点。推算要求船闸 n 的各子节点船闸、流域内港口、在航船舶放行满足下式:

$$GP_n \geqslant W_n \sum_{i=1}^{j}(GP_i \times T_i) + \sum_{i=1}^{k}(PP_i \times T_i) + WS_n \tag{3-1}$$

式中:GP_i——各船闸的现行放行能力;

GP_n——船闸 n 的现行放行能力;

PP_i——各港口的现行放行能力;

WS_n——在船闸 n 与上游船闸间的在航船舶总数;

W_n——n 船闸的船舶待闸数量;

T_i——放行权重。

每一个船闸的放行量,还受权重比例限制,放行权重划分规则为:船闸和港口(签证)的放行权重比例按照动态划分、人工调整的方式计算得出。要求直接子节点(含船闸、港口)的权重总值和为1,其间,船闸放行权重分配按照如下方式进行计算。

预设 Q_i:预计疏散积压在船闸 i 堵航船舶所需时间内到达船闸 i 的船舶数量;

Y_i:船闸 i 的堵航阈值;

C_i:船闸 i 待闸货运权重系数,根据集装箱、危化品、军工、农副品优先保障运输的原则,制定货运级别,以历史基础信息为支撑,采用层次分析法,确定货物权重等级;

ASC_i:船闸 i 优先保障待闸货运总吨数,对于港口则取货物压港量;

假设船闸 j 为其唯一兄弟节点,Tp_i 为船闸 i 和 n 间的港口放行权重,Tp_j 为船闸 j 和 n 间的港口放行权重,则存在:

$$T_i + T_j + Tp_i + Tp_j \leqslant 1, 并且\ T_i = a_i \times b_i \times c_i \times r_i, Tp_i = cp_i \times rp_i$$

其中:

$a_i = \dfrac{Q_i}{Q_i + Q_j}$(注:考虑到交通流发展因素);

$b_i = \dfrac{W_i}{W_i + W_j}$(注:考虑到待闸船舶因素);

$c_i = \dfrac{ASC_i \times C_i}{ASC_i \times C_i + ASC_j \times C_j + ASC p_i \times Cp_i + ASC p_j \times Cp_j}$(注:考虑到货品重要性因素);

r 为人工调节系数,受航道最低通航水深、船闸检修、天气原因进行调整,取值为[0,1],当船闸停止通航时,取0,不受上述原因影响时取1,其他情况在系统长时间运行后做大数据聚类分析,动态生成推荐值。

2) 模型分析

调度模型以西江黄金水道干线主要船闸、港口为控制节点,以航运船舶为调度主体,通过分析船闸枢纽、港口、在航船舶的实际情况,结合各船闸的通过能力、港口吞吐能力,科学计算出各船闸、港口的放行量,供航运管理部门制定能够保障航运资源的优化利用的联合调度方案。

其中,模型求解算法分上行、下行分别计算实现。结合数据结构构建思想,将整个西江流域的船闸抽象为一棵二叉树,并将长洲枢纽抽象成二叉树的根节点,由其逐层向子节点(上游船闸)进行推算,直至叶子,最终生成各船闸的预放行方案,如图3-1所示。

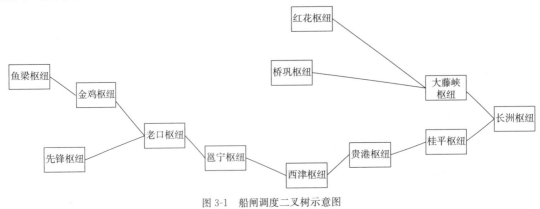

图3-1 船闸调度二叉树示意图

3)调度方法测试效果

该方法依托"广西西江多梯级、多线船闸联合调度平台"软件实现,通过模拟数据测试,模型算法实现与设计相符,航运管理部门宏观调度、协调能力明显增强,航运效率明显提升。

3.3 长洲枢纽多线船闸综合排档调度技术研究

3.3.1 长洲枢纽航运形式分析

1)长洲四线船闸建设情况概述

长洲枢纽是西江下游广西境内的最后一个规划梯级,是广西和贵州、云南富矿地区与珠江三角洲水上交通的咽喉,水上运输非常繁忙,是名副其实的"黄金水道"。枢纽横跨两岛三江,从右至左为外江、泗化洲岛、中江、长洲岛、内江,枢纽挡水建筑物总长3 000m,坝顶高程34.6m。其中,已建一线船闸按2 000t级船闸设计,闸室有效尺度为200m×34m×4.5m(长度×宽度×底槛水深,下同);已建二线船闸按1 000t级设计,闸室有效尺度为185m×23m×3.5m。拟建三线、四线船闸建于外江右岸台地,均按3 000t级船闸等级设计,闸室有效尺度为330m×34m×5.8m(援引自长洲三四线船闸工程可行性研究阶段方案比选及批复意见),拟定于2014年投产运行。

2)长洲枢纽船舶过闸规律分析

从长洲船舶过闸(图3-2)总体来看,具有货量大、船型小、日到船艘数符合正太分布规律、上下行货运量不均衡等特点。

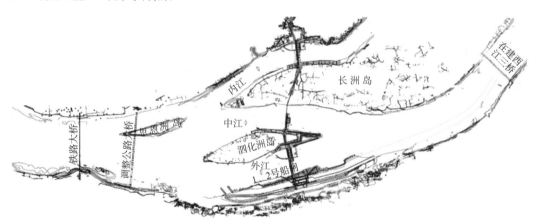

图3-2 长洲枢纽船闸示意图

船闸交通已处于饱和状态,2008年和2009年双向通过货运量3 627.02万吨和4 432.51万吨,分别达到设计值(3 920万吨)的92.5%和113.1%。伴随地区经济发展,西江货运还将保持持续稳定的增长态势。

交通运输部规划研究院通过对广西地区内河船名录、部分代表船舶的设计资料和广西地区内河运输船舶发展趋势等进行综合分析,筛选提出100~3 000t级过闸代表船型,如表3-1、

表 3-2 所示。本节根据船型划分,对现在行的船舶做了统计(船舶基础信息由广西壮族自治区港航管理局提供),现内河在行船舶共计 8 618 艘,其中 500t 级以下船舶占到了总体船舶数量的 74.08%,500t 级以上至 1 000t 级以下船舶占总体船舶数量的 25.24%,1 000t 级以上船舶所占比例不足 1%。

西江过闸代表船型说明　　　　　　　　　　　　　表 3-1

船型	总长(m)	型宽(m)	吃水(m)
100t 级机动货船	30.0	5.8	1.1
300t 级机动货船	37.5	7.5	1.9
500t 级机动货船	45.0	9.0	2.0
1 000t 级机动货船	49.98	10.8	2.7
1 500t 级机动货船	49.98	12.8	3.4
2 000t 级机动货船	68.0	14	3.6
3 000t 级机动货船	90.0	15.8	3.6

西江船型统计　　　　　　　　　　　　　　　　　表 3-2

船　型	数量(艘)	所占比例(%)
100t 级及以下机动货船	3 155	36.61
100t 级以上 300t 级及以下机动货船	2 246	26.08
300t 级以上 500t 级及以下机动货船	981	11.39
500t 级以上 1 000t 级及以下机动货船	2012	23.35
1 000t 级以上 1 500t 级及以下机动货船	163	1.89
1 500t 级以上 2 000t 级及以下机动货船	55	0.65
2 000t 级以上 3 000t 级及以下机动货船	3	0.03

另据余劲、张玮等学者针对西江航道船舶流的概率分布特性的研究表明:西江船内河航道日到船艘数服从正态分布,且上行船舶主要集中在 130～260 艘次,约占总体统计比例的 74%,下行船舶主要集中在 180～280 艘次,约占总体统计比例的 84%。

通过上述船型和到闸特点,可知长洲枢纽多以 500t 级以下船舶为主,且日到闸整体趋势符合正态分布,平均下行船舶数量略多于上行船舶。

3)长洲船闸调度管理分析

根据文献《长洲枢纽上游桥区航道和船闸通过能力分析》提供的数据,2007 年一线船闸每闸放行量为 12 艘,二线船闸为 8 艘次。经该研究预测,随着西江船舶标准化进程的加快,到 2015 年一至四线船闸放行次数将分别达到 10 艘次、6 艘次、16 艘次、16 艘次。闸室有效面积利用率,根据 2008～2010 年运行资料进行统计,闸室有效面积利用率的月最大值为 0.761(2009 年 12 月),月最小值为 0.405(2008 年 11 月),平均值为 0.597。

考虑检修、事故、清淤、枯水及气象等停航因数的影响,结合长洲枢纽近年的实际运行经验,预计近期长洲枢纽的通航保证率约为92%,船闸年营运天数为336d。

本节将采用2015年长洲一至四线的放行次数预测结果和船闸营运天数作为四线船闸综合调度算法的构建依据。对于闸室有效面积使用率的提高,也是本节的重点研究问题,将通过单线船闸闸室排档算法予以解决,通过实验数据测试,本节提出的单线船闸闸室排档算法能将闸室有效面积使用率提高到78%以上。

3.3.2 长洲枢纽通航调度存在的主要问题

自2007年长洲一、二线船闸投入运行以来,截至2011年12月,发生不下10起较大规模的堵船事件,其中2007年曾经出现过滞航船舶突破千艘的情况,造成极其不好的社会影响。长洲船闸枢纽的堵航原因是多方面的,具体表现在如下几个方面。

运量大:2009年长洲一、二线船闸下行运量就已达到了4 012万吨,突破了船闸设计通过能力(下行3 150万吨,上行770万吨),并且自2009年来,无论是船舶数量还是货运量都在呈快速增长态势。

航电矛盾突出:西江流域干旱少雨时,枢纽电站及其上游主要电站为了满足发电要求,必须蓄水,对于长洲枢纽的入库和出库流量都将造成不同程度的降低,不利于通航组织。

调度管理粗放:根据文献资料统计,2009年长洲一、二线船闸闸室有效面积利用率平均值分别为0.597和0.661,2010年与2011年闸室平均利用率变化不大,虽然相比三峡、京杭运河苏北段梯级船闸的闸室有效面积利用率,总体上已达到国内较高水平,但是现阶段排档仍以人工为主,报到管理相对粗放,在三、四线船闸投入使用后,通航组织调度管理方面和闸室利用方面还有很大潜力可挖。

针对运量与长洲枢纽一、二线船闸设计通过能力不匹配的问题,有望在长洲三、四线船闸(设计通过能力9 730万吨)的投入运行后得到根本缓解。针对航电矛盾和调度管理粗放问题,应以优先保障通航为指导,构建科学、有效的四线船闸调度方法,在有效调度时间内充分利用好四线船闸航运资源,做到优化调度,细化管理。

3.3.3 长洲枢纽多线调度原则

长洲枢纽在以"多梯级、多线船闸"调度规则的总体指导下,还应满足如下具体调度要求:

船舶按照四线船闸调度运行管理调度计划及指令过闸,在排档时充分利用闸室有效面积。根据待闸船舶到达调度方案阈值来动态决定采用何种调度方案。具体调度方案详见3.3.4节。

长洲枢纽的调度思路可用于西江其他多线船闸。

3.3.4 长洲多线船闸综合调度算法

1)算法描述

针对总体指导原则,结合船舶、船闸调度因素的分析成果,本节综合考虑通航船舶数量、堵航船舶数量、交通流等因素,结合长洲船闸的通航设计能力和船舶航运过闸特点,制定了基于模式的调度算法,并通过船舶流量计算验证模式内的船舶调度方法是科学、有效的。

本节根据西江日常船闸调度上、下游航运形势的不同,结合历史经验,将船闸调度分为常态调度、堵航调度、应急调度三个类别。常态调度主要用于未发生堵航的情况下的智能调度,堵航调度主要用于长洲上下行发生堵航情况下的智能调度,应急调度主要用于诸如严重堵航、大吨级船舶(2 000t 级以上)过闸、应急抢险船舶和危险品过闸等情况下的人工调度。

算法的调度流程即围绕上述三个调度类别进行展开的,具体调度流程如图 3-3 所示。算法首先判断长洲航运状况,生成船闸上下行放行方案,而后根据已报到船舶的种类、尺度和先后顺序,构建调度队列。队列中船舶数量达到闸室放行艘次的 20%,并以总体调度原则为指导,结合船闸自身设计尺度,尽量保证船舶先到先过的原则,个别小型船舶如果可以"插空",考虑与大船组合过闸,充分利用闸室面积。单线船舶排档方案由本项目单线船闸调度智能算法予以实现。关于常态调度、堵航调度、应急调度的具体方案和方案有效性论证详见下文。

2)常态调度

常态调度要求船闸开闸放行必须满足如下条件:

(1)上下行日放行量必须大于报到船舶数量,做到不积压船舶。即满足式(3-1)及式(3-2)的要求。

$$\sum_{i=1}^{4} l_{ui} > S_u \tag{3-2}$$

式中:l_{ui}——i 线船闸日上行放行船舶数量;

S_u——日上行船舶总数量,取值为 260。

对式(3-2)的说明:四线船闸的总上行放行艘次应大于上行船舶到闸数量,在此条件下保证上行不堵航。

$$\sum_{i=1}^{4} l_{di} > S_d \tag{3-3}$$

式中:l_{di}——i 线船闸日下行放行船舶数量;

S_d——日下行船舶总数量,取值为 280。

对式(3-3)的说明:四线船闸的总下行放行艘次应大于下行船舶到闸数量,在此条件下保证下行不堵航。

(2)上下行年放行量能够大于年过闸船舶数量,即满足式(3-4)及式(3-5)的要求。根据经验,考虑检修、事故、清淤、枯水及气象等停航因素的影响,结合长洲枢纽两年多的实际运行经验,预计近期长洲枢纽的通航保证率约为 92%,船闸年营运天数为 336d。

$$\sum_{j=1}^{336}\sum_{i=1}^{4} l_{uji} > TS_u \tag{3-4}$$

式中:l_{uji}——第 j 个通航日 i 线船闸日上行放行船舶数量;

TS_u——年上行船舶总数量。

对式(3-4)的说明:四线船闸的年总上行放行艘次应大于年上行船舶到闸数量。

$$\sum_{j=1}^{336}\sum_{i=1}^{4} l_{dji} > TS_d \tag{3-5}$$

式中:l_{dji}——第 j 个通航日 i 线船闸日下行放行船舶数量;

TS_d——年下行船舶总数量。

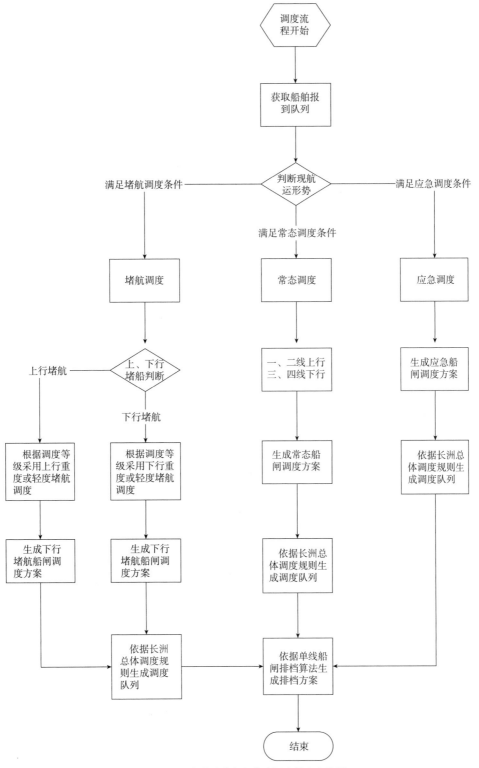

图 3-3 长洲多线船闸综合调度算法流程图

对式(3-5)的说明:四线船闸的年总下行放行艘次应大于年下行船舶到闸数量。

(3)开闸放行应尽量避免交通流交汇。鉴于长洲水利枢纽上游建有2座桥梁,上游为浔江铁路桥,距离长洲水利枢纽坝轴线约4 000m,浔江铁路桥下游1 000m建有浔江公路桥,浔江公路桥距离1 000m处,公路桥下距枢纽约3 000m,距一、二线船闸上游引航道堤头约为2 400m,浔江公路桥设置了2个相邻的通航孔,临近右岸。长洲枢纽已建的西江大桥,距坝址约7km,在右侧设有2个通航孔。由于上游桥梁距枢纽较近,容易造成交通流汇聚,故主要考虑上游交通组织。对各线船闸的放行方向是否容易造成交通流交汇进行梳理(默认情况:船舶下行,走浔江公路桥南侧通航孔,船舶上行,走浔江公路桥北侧通航孔),结果发现有5种航行模式,过坝时不存在交通流交汇,船闸开展放行方向应取自方案1、4、8、14、16,详细内容见表3-3。即满足式(3-6)的要求。

$$Ipo \in \{S1, S4, S8, S14, S16\} \quad (3\text{-}6)$$

说明:Ipo表示长洲四线船闸放行方向方案,表示船闸放行方向,S1、S4、S8、S14、S16分别代表方案1、4、8、14、16。

放行方向交通流交汇分析 表3-3

方案编号	船闸名称	调度放行方向	是否汇集	汇集描述
1	一线	上行	无	—
	二线	上行		
	三线	上行		
	四线	上行		
2	一线	下行	汇集	一线与二、三、四线受通航孔影响存在交通流汇集
	二线	上行		
	三线	上行		
	四线	上行		
3	一线	上行	汇集	三、四线之间存在交通流汇集
	二线	上行		
	三线	下行		
	四线	上行		
4	一线	上行	无	—
	二线	上行		
	三线	上行		
	四线	下行		
5	一线	下行	汇集	一、二线受到通航孔影响与三、四线交通流汇集
	二线	下行		
	三线	上行		
	四线	上行		

续上表

方案编号	船闸名称	调度放行方向	是否汇集	汇集描述
6	一线	下行	汇集	一、二、三线由于受通航孔的影响形成交通流汇集
	二线	上行		
	三线	下行		
	四线	上行		
7	一线	下行	汇集	一、二、三、四线由于受通航孔的影响形成交通流汇集
	二线	上行		
	三线	上行		
	四线	下行		
8	一线	上行	无	—
	二线	上行		
	三线	下行		
	四线	下行		
9	一线	下行	汇集	一、二、三线由于受通航孔的影响形成交通流汇集
	二线	上行		
	三线	上行		
	四线	下行		
10	一线	上行	汇集	一、二、三线由于受通航孔的影响形成交通流汇集
	二线	下行		
	三线	下行		
	四线	上行		
11	一线	下行	汇集	一、二、三线由于受通航孔的影响形成交通流汇集
	二线	下行		
	三线	上行		
	四线	下行		
12	一线	下行	汇集	四线与一、二、三线受通航孔影响形成交通流汇集
	二线	下行		
	三线	下行		
	四线	上行		
13	一线	下行	汇集	四线与一、二、三线受通航孔影响形成交通流汇集
	二线	下行		
	三线	下行		
	四线	上行		

续上表

方案编号	船闸名称	调度放行方向	是否汇集	汇集描述
14	一线	上行	无	—
	二线	下行		
	三线	下行		
	四线	下行		
15	一线	下行	汇集	一、二线受通航孔影响形成交通流汇集
	二线	上行		
	三线	下行		
	四线	下行		
16	一线	下行	无	—
	二线	下行		
	三线	下行		
	四线	下行		

构建常态调度模式如表3-4所示,长洲一、二线采用上行放行模式,三、四线采用放行调度模式。上行放行能力将达到284艘次,下行放行能力将达到320艘次,能够满足日均上行260艘次,下行放行能力280艘次的要求。按照平均值估算,常态调度模式也能满足年放行量估算,并且也不存在交通流交汇,既利于管理单位对枢纽通航组织,又能保障船舶航行安全。

常态调度模式　　　　　　　　　　　　　　　　　表3-4

模式名称:日常调度模式							
船闸放行方案:表3-3中方案8							
闸室编号	放行方向	日开闸次数	单闸放行艘次	日开闸运行时间(h)	上行放行量(艘)	下行放行量(艘)	备注
一线船闸	上行	12	10	20	200	0	—
二线船闸	上行	14	6	20	84	0	—
三线船闸	下行	10	16	20	0	160	—
四线船闸	下行	10	16	20	0	160	—
小计		46	48	80	284	320	—

常态调度模式在长洲畅通时使用,发生堵航时,根据堵航方向、严重程度,使用堵航调度模式进行临时调度。堵航船舶疏导完毕后,仍恢复至常态调度模式。

对于目前只占不足西江航运船舶1%的2 000t级及其以上船舶,常态调度模式不能调度,因为上行要求使用一、二线船闸,而上行设计能力是2 000t级以下,由于其占船舶数量比例较低,为了顺利调度这部分船舶,采用自由调度模式予以解决。

依据文献《提高长洲枢纽现有船闸通过能力对策研究》,在充分分析历史过闸记录、闸室分配使用情况船舶大型化趋势的基础上,利用数学拟合的方式预测2015年的日开闸次数和单闸放行艘次。下面模式采用相同数值,不再赘述。针对常态调度模式对式(3-2)～式(3-6)分别进行了验证,证明调度模式有效。具体验证如下:

式(3-2)验证:采用常态调度日上行放行总量为 284 艘次＞长洲日上行放行估算量 260 艘次。

式(3-3)验证:采用常态调度日下行放行总量为 320 艘次＞长洲日下行放行估算量 284 艘次。

式(3-4)验证:采用常态调度年上行放行总量为 284 艘次×336 日＞长洲年下行放行估算量 6 359 艘次。

式(3-5)验证:采用常态调度年下行放行总量为 320 艘次×336 日＞长洲年下行放行估算量 6 390 艘次。

式(3-6)验证:常态调度模式的船闸放行模式采用一、二线上行,三、四线下行,不存在交通流交互。

3)堵航调度

堵航调度又可按方向分为上行重度堵航调度、轻度堵航调度,下行重度堵航调度、轻度堵航调度。堵航调度的主要目标是在避免交通流汇聚的情况下,尽量疏导船舶高效过闸。其中,各线船闸日开闸放行次数及闸室平均使用率与常态调度模式取相同数值。堵航调度模式是堵航状态的临时性调度。具体调度方案及放行能力估算如表3-5～表3-8所示。

上行重度堵航调度,面向上行严重堵航情况,当上行堵航船舶超过444艘启动,长洲四线船闸均采用上行调度。

上行轻度堵航调度,面向上行堵航情况,当上行存在堵航现象并且堵航船舶小于444艘启动,长洲一、二、三线船闸均采用上行调度,四线船闸采用下行调度。

下行重度堵航调度,面向下行严重堵航情况,当下行堵航船舶超过444艘启动,长洲四线船闸均采用下行调度。

下行轻度堵航调度,面向下行堵航情况,当下行存在堵航现象并且堵航船舶小于444艘启动,长洲一线船闸均采用上行调度,二、三、四线船闸采用下行调度。

上行重度堵航调度　　　　　　　　　　　　　表 3-5

模式名称:上行重度堵航调度						
阈值条件:上行堵航船舶数量突破444艘						
船闸放行方案:表3-3中方案1						
闸室编号	放行方向	日开闸次数	单闸放行艘次	日开闸运行时间(h)	上行放行量(艘)	下行放行量(艘)	备注
一线船闸	上行	12	10	20	200	0	
二线船闸	上行	14	6	20	84	0	
三线船闸	上行	10	16	20	160	0	
四线船闸	上行	10	16	20	160	0	
小计		46	48	80	604	0	

上行轻度堵航调度　　　　　　　　　　　　　　　　　　　　　　　　表 3-6

模式名称:上行轻度堵航调度							
阈值条件:上行出现堵航船舶,并且堵航船舶数量小于日上行能力 444 艘							
船闸放行方案:表 3-3 中方案 4							
闸室编号	放行方向	日开闸次数	单闸放行艘次	日开闸运行时间(h)	上行放行量(艘)	下行放行量(艘)	备注
一线船闸	上行	12	10	20	200	0	
二线船闸	上行	14	6	20	84	0	
三线船闸	上行	10	16	20	160	0	
四线船闸	下行	10	16	20	0	160	
小计		46	48	80	444	160	

下行重度堵航调度　　　　　　　　　　　　　　　　　　　　　　　　表 3-7

模式名称:下行重度堵航调度							
阈值条件:下行堵航船舶数量突破 444 艘							
船闸放行方案:表 3-3 中方案 16							
闸室编号	放行方向	日开闸次数	单闸放行艘次	日开闸运行时间(h)	上行放行量(艘)	下行放行量(艘)	备注
一线船闸	下行	12	10	20	0	200	
二线船闸	下行	14	6	20	0	84	
三线船闸	下行	10	16	20	0	160	
四线船闸	下行	10	16	20	0	160	
小计		46	48	80	0	604	

下行轻度堵航调度　　　　　　　　　　　　　　　　　　　　　　　　表 3-8

模式名称:下行轻度堵航调度							
阈值条件:下行出现堵航船舶,并且堵航船舶数量小于日下行能力 444 艘							
船闸放行方案:表 3-3 中方案 14							
闸室编号	放行方向	日开闸次数	单闸放行艘次	日开闸运行时间(h)	上行放行量(艘)	下行放行量(艘)	备注
一线船闸	上行	12	10	20	0	200	
二线船闸	下行	14	6	20	0	84	
三线船闸	下行	10	16	20	0	160	
四线船闸	下行	10	16	20	160	160	
小计		46	48	80	160	444	

4）应急调度

应急调度主要是面临如长洲船闸检修、应急救灾及超常堵航状态等情况,通过人工设置调度方案的方式,配置调度方案,解决常态调度与堵航调度灵活性不够、应变能力不足等问题。另外,对于2 000 t级以上船舶,由于数量极少(不足总量的1%),也采用应急调度模式。

应急调度模式所需调度管理人员设置的调度方案内容如表3-9所示。人工设置的调度模式可经过算法自动逻辑验证,如准入吨级与船闸设计能力是否冲突等,但是算法不能自动校验交通交汇,需应急调度管理人员依靠人工协调组织船舶过闸组织。

应急调度方案内容描述 表3-9

编号	设置内容	描 述	备注
1	船闸名称	一、二、三、四线	
2	放行方向	上行、下行、双向、停航	
3	准入船舶吨级	300、500、1 000、1 500、2 000、3 000 t级	
4	船舶尺度	长、宽、吃水	
5	船舶类型	货船、危险品船、军工船等	
6	载用货种	干散货、集装箱、鲜活品、危险品等	

3.3.5 单闸闸室自动排布算法

1）算法描述

单闸闸室自动排布算法,以总体调度规则为依据,以船闸尺度(长、宽、底槛水深)、船舶尺度(长、宽、满载吃水)为限制条件,通过计算机自动生成闸室排档方案。

2）模型分析

闸室排档问题可抽象为,在一个给定大小的矩形件(抽象为闸室)上排布若干个给定大小的小矩形(抽象为船舶),使其矩形排布利用率最高。针对该问题引入矩形排样算法,将一系列抽象为矩形的船舶按最优方式进行闸室排布。使得闸室的利用率最高,并要求满足下列约束条件:

(1)船舶矩形互不重叠;

(2)所有船舶矩形能够且必须放在闸室矩形内;

(3)满足一定工艺要求,如闸室底槛水深要求等。

3）算法设计基本思路

针对单闸室的等候过闸队列生成算法的基本实现思路是:将调度规则、船舶尺度、船闸设计尺度和现场排队情况等因素进行量化,并形成调度判定规则,以判定规则为指定,自动对待闸船舶进行筛选,最终生成排队方案。

针对单闸室排档算法的实现思路是将其抽象转化为排样图生成过程。通常要求在一个排样图中,任何一个矩形排样(船舶)在不超出排样区域(船闸)边界的情况下,按照一个排样方案(给定的次序)采用下列一些方法来安排实际矩形件,在闸室排布算法中,船舶不能横向排布或掉头排布,永远不旋转。将船舶安排在闸室的过程中,均不能再往下、往左移动,则称其满足 BL 条件(Bottom-Left-Condition)。基于 BL 条件,设计了下台阶算法,具体步骤如下:

(1)将代表船舶的矩形排放在闸室的右上角,若横向则将其旋转 90°后再排放,求出排放后所占闸室的最大长度;

(2)将每个船舶矩形根据其排样方式置于闸室右边最大长度处,向下向左移动,且向下移动优先(即原本已无法再向下移动,故开始向左移动,而在向左移动的过程中若发现又能继续向下移动,则先向下移动),直至无法向下向左移动为止(即接触到其他船舶或闸室的边界),并求出此时的最大宽度;

(3)重复上述过程,直至所有船舶排放完毕,最后所得最大长度即为所需占用闸室的长度。

剩余矩形排样法是目前所提出的一种有效的排样算法,该方法记录了所有可利用的空间,合理地分配给待排样的矩形件,提高了每个排样方案的空间利用率,更接近最优排样方案。例如对于同一个矩形件序列(1,2,3,4)进行排样,图 3-4a)中下方的空洞以往的排样算法都无法利用,矩形 4 能被排到上方。而利用剩余矩形排样法可以很好地解决这个问题,它可以使矩形 4 充分利用下方的空间,如图 3-4b)所示。

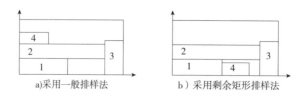

图 3-4　闸室剩余矩形排样法优越性示意图

剩余矩形排样算法用一个矩形数据集合来表示闸室目前的剩余位置情况,任何未被排样的空间(包括孤立的缝隙),都在剩余矩形集合中表示,不会遗漏任何一个。而在每一个船舶被排入前,都需根据这个剩余矩形集合中的数据来选择最为合理的位置。下面给出剩余矩形的具体形成方法(这里同样也是用矩形的左下角坐标和右上角坐标)来确定这个矩形的位置。

(1)闸室宽深定为首个矩形集合。

(2)当排入一个船舶矩形时,需将矩形数据集合中的剩余矩形都减掉此矩形件所占的位置。

(3)由于新的剩余矩形的产生,又将引起原矩形数据集的改变,因此对其进行整理:去掉面积为零的或已无法排下所剩的任何一个矩形件的剩余矩形;把具有完全包含关系的剩余矩形中面积小的矩形去除、有相交关系的矩形全部保留。得到新的剩余矩形集,为下一次排放使用。

用剩余矩形表示法可记录每个可形成最大矩形的空间,用于排样(图 3-5)。将这种表示法与 BL 排样算法结合,就形成了剩余矩形排样算法,对于给定的一个排样方案,具体排样过程如下:

①开始时剩余矩形集中仅有一个矩形,即闸室本身。

②从排列船舶中取出第一个需排的船舶矩形件,将其根据相应排放方式排放在闸室矩形左下角,用上面所述的剩余矩形表示法计算新的剩余矩形集合。

③调整船舶矩形件排列方向,使其符合进闸室方向。

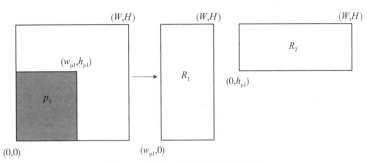

图 3-5 剩余矩形排样过程示意图

④以此类推,按顺序逐一排放直至所有船舶矩形排放完毕。每放入一矩形件,都需根据剩余矩形集确定其排放位置,即在剩余矩形集中选择宽高均大于等于此矩形件的底部最低的最靠左的剩余矩形(先靠下后靠左),让矩形件与剩余矩形的左下角重叠。同时放入矩形后要对剩余矩形集进行整理更新。

4)算法测试效果

此算法已通过测试,结果如图 3-6 所示。另外,通过 50 组模拟数据试验,利用本算法进行排档,闸室平均利用率达到 84%。

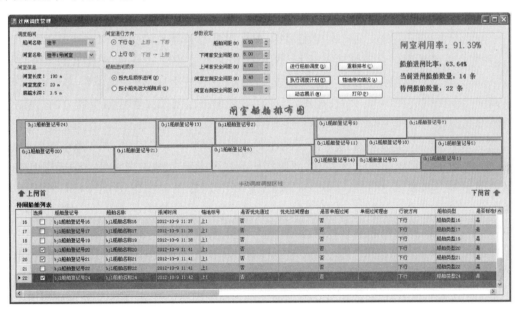

图 3-6 排档算法示意图

3.4 基于 AIS 的船舶过闸信息采集与综合应用技术研究

3.4.1 AIS 技术概述

我国是国际海事组织(IMO)A 类理事国、SOLAS 公约缔约国和国际电联(ITU)会员国。

根据《SOLAS 公约》第五章的规定,所有客船均应装载 AIS 系统;2002 年 7 月 1 日前建造的不从事国际航行的船舶,不迟于 2008 年 7 月 1 日完成 AIS 设备的配载。500 总吨以下国内航行的货船应由本国主管部门决定其装载 AIS 的时间表。本工程建设的 AIS 系统可以有力地推动按期履约。

3.4.2 AIS 系统内河主要应用场景分析

内河高等级航道网 AIS 系统的建设主要是按照不同水系分别进行建设。整个岸基系统数据网络划分为四级,分别为国家数据中心、水系数据中心、辖区数据中心和岸台基站。在各个水系分别设置水系数据中心,共设置长江水系、珠江水系、京杭运河与淮河水系、黑龙江和松辽水系 4 个水系数据中心,分别位于广州(长江和珠江水系数据中心)、上海(京杭运河与淮河水系数据中心)、天津(黑龙江和松辽水系数据中心)。

其中,作为本书重点研究的西江干线段隶属于珠江水系,南宁至长洲段,累计建设基站 20 余座,作为西江航运咽喉的长洲共建有 AIS 基站 2 处,其他重要城市、船闸区域均设有数量不等的 AIS 基站,基本实现了西江自南宁至长洲西江干线航道的信号全覆盖。

3.4.3 基于 AIS 的西江船舶动态监控应用

1) AIS 技术应用于西江船闸联合调度领域的功能定位

船闸联合调度调度对象既包括船闸运行,又包括船舶过闸。通过对 AIS 系统的应用场景分析,并综合西江船闸联合调度业务过程,认为船舶动态监控领域是 AIS 技术的主要应用领域:通过动态获取在航船舶、在港停船船舶数量、区域交通流密度,对于船闸链宏观联合调度,生成调度指令提供决策参考。而在船舶过闸报到、船舶进出闸(港)管理领域的应用,尚缺乏必要的环境支持。

截至 2012 年 12 月,广西壮族自治区内注册的船舶共 9 000 多艘,其中多为小型船舶,300t 以下船舶占到总船舶数量的 63% 左右,而这些船舶多数未装 AIS 终端设备。航运管理部门提出了 AIS 终端开机要求,但是由于缺乏必要的技术手段,较难对 AIS 终端开机行为进行监管和处罚,致使通过 AIS 船舶进行船闸报到、船舶进出闸监管的能力存在不足。并且西江各船闸尚缺乏基于 AIS 船舶报到的管理办法,如果在全区未形成统一、规范的管理办法前,实现技术先行,存在破坏通航管理公平性、公正性的风险。综合上述原因,当前只将 AIS 技术用于船舶动态管理,并作为船闸调度的辅助决策领域是较为切实的。

2) AIS 信息获取与存储

(1) AIS 数据获取方式。AIS 基站接受船舶的实时 AIS 信息,其接收到的原始数据通过网络传输至数据中心。AIS 数据中心的 AIS 信息处理服务器接受所有 AIS 基站的信息,经过解析和处理将船舶的实时动态信息保存到船舶数据库中。

(2) AIS 船舶数据数据库存储模式。AIS 船舶数据通常依托企业级数据管理软件(DBMS)进行统一存储。本章 AIS 数据中心的 DBMS 使用的是 ORACLE 10g,并分为动态表和静态表分别进行关联存储。动态表主要为船舶动态信息,包括船舶经纬度坐标、对地航速、航向等。静态表主要为船舶注册时计入的基础信息,包括船舶名称、尺度等。

3)基于 AIS 的船舶动态管理监控技术

系统结合 AIS 等技术手段,以西江电子航道图为依托,提供实时、动态获取船舶航行动态功能,以此作为联合调度指令下达的参考。动态管理监控的实现具体见 4.5.3 节。

AIS 的船舶动态管理监控应用主要涉及基于 AIS 标准的船舶显示技术:客户端使用地图缓存、矢量图层和元素图层,通过比例尺控制,完成对 AIS 船舶的显示。

在地图比例尺较小,显示范围较大时,显示的船舶较多,而且由于显示面积较大,船舶相对运动幅度较小,因此采用绿色点对象描述船舶,在服务器端生成分布图层,并生成动态图层,在客户端与海图(航道图)叠加显示,如图 3-7 所示。在中等比例尺下,显示范围集中,船舶比较密集,在矢量图层上按照标准图形绘制船舶。船舶以等边三角形表示,前方按照速度显示方向线,后端显示 2min 内的运行轨迹。当 AIS 信号中断超过 30min,船舶以绿色显示,超过 60min 则不显示,如图 3-8 所示。在大比例尺下,显示范围小,船舶按照其物理尺寸,在矢量图层上按照尺寸进行绘制。

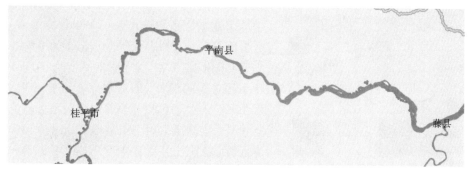

图 3-7 船舶动态叠加示意图

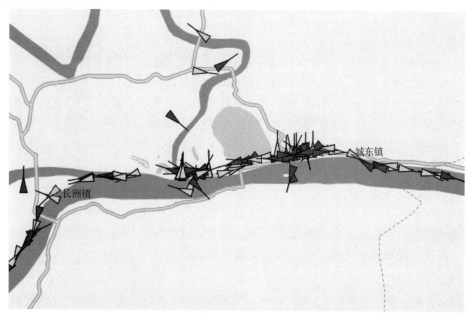

图 3-8 中等比例尺下船舶形态示意图

3.5 多梯级、多线船闸智能联合调度平台建设研究

3.5.1 平台总体目标

平台的建设与实施可以有效扩大西江黄金水道的通过能力,提高对船舶、船闸、航道等的管理水平与综合服务能力,形成流域内各交通部门与其他部门统一的集成化调度平台,有效提高政府调度管理及应急水平,满足西部地区日益增长货物运量的实际需求。

3.5.2 平台软、硬件架构

1)系统软件架构

考虑到平台的实用性和今后的可扩展性需求,软件采用基于 SOA 的 Client/Server 架构,该结构成熟、稳定。数据库服务器端选用支持多用户的企业级服务器操作系统 Windows 2008 Server。数据库管理软件(DBMS)选用支持多用户的大型数据库 ORACLE 10g。为了保证平台的可扩展性,增设 Web 服务器(ⅡS6.0),服务器部署基于 ASP. NET 的 Web Services 应用,以充当客户端与服务器的信息交互纽带。客户端采用 Windows Froms 应用程序设计界面,在服务器端采用 ASP. NET Web Services 接口程序实现客户端与服务器的通信。平台的软件环境是 Visual studio 2010,编程语言是 C 语言。平台软件结构如图 3-9 所示。

图 3-9 平台软件结构示意图

2)平台硬件架构

硬件方面主要依托广西港航管理局、长洲船闸、贵港船闸的现有服务器、网络连接、客户机终端(计算机)等设备。上述硬件具有较好的性能,能够保证平台运行要求。独立单位内部网络拓扑选择星形拓扑结构,这样的硬件体系结构对于以后的平台升级以及新节点接入都是非常理想的;不同单位间利用公共网络 ADSL 进行连接。待交通专线建设完毕后,可抑制至交通专网,平台网络稳定性和传输带宽可以得到进一步的提升。硬件结构如图 3-10 所示。

3.5.3 平台功能设计

1)航程管理

提供船舶航程管理功能(增、删、改、查等)。其中,航程状态应分状态管理(历史航程、执行中航程)。联合调度平台还提供了航程数据交换接口。

2)船舶动态管理

平台结合 AIS 等技术手段,以西江电子航道图为依托,提供实时、动态获取船舶航行状态功能。通过获取广西公路水路一张图服务,以长洲枢纽为核心(在地图上居中显示),以合适的

初始比例尺呈现西江航道图,能够实现航道图的放大、缩小、调整比例尺、导航等地图基础功能。以列表形式,显示所有监控船舶名称、AIS 九位码。当点击船舶信息列表项时,地图自动定位至船舶位置,当点击船舶位置图标时,以弹出对话框的形式实现显示船舶的基本信息,船舶数据来自 AIS 基础数据。可实现在制定区域内(圈定),确定船舶航运流向(上下行)数量。

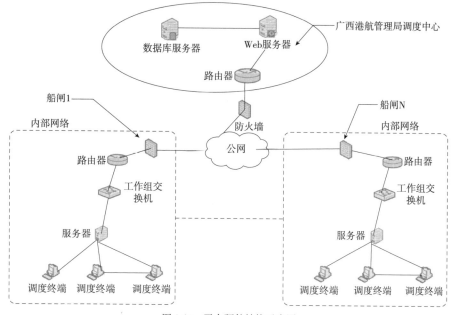

图 3-10　平台硬件结构示意图

3)待闸管理

(1)报闸管理。平台提供船舶到达船闸后的报到功能,只有通过过闸报到的船舶才能进入该船闸的调度计划。此外,联合调度平台还提供了人工报到功能,以便为未装有自动报到设备的船舶或报到故障时,作为辅助报到手段。为了与外部报闸管理系统的联动,联合调度平台还应提供船舶报闸队列写入接口。

(2)违章管理。实现对于船舶过闸违章记录的管理功能(增、删、改、查、处理等)。

(3)待闸阈值管理。联合调度平台提供待闸阈值设定功能。一旦待闸船舶超过阈值,则平台进行报警,并记入调度日志,实时上传至调度中心和调度分中心。

(4)锚地管理。平台将锚地(待闸区)管理纳入到过闸调度范畴,对于报到船舶,由船闸调度人员根据情况,指派船舶进入锚地等待过闸,并通过平台进行记录(可通过已有报闸管理功能完成)。此外,为了增强锚地管理的直观性,平台还提供了锚地船舶动态图形化显示功能,为船舶过闸调度提供支撑。

4)智能过闸调度

(1)调度指令下达管理。联合调度平台提供调度中心到调度分中心(各船闸)指令下达功能。指令主要包括时间范围(从××××年×月×日至××××年×月×日)、需调度过闸的调度船舶总数等信息。待指令到达截止时间后,联合调度平台提供调度结果的自动反馈功能(反馈至调度中心)。中心可根据分中心的指令完成反馈结果,通过联合调度平台禁止分中心的调度行为或继续授予分中心调度权限。

(2)联合调度管理。平台可按日自动计算每个调度节点(船闸、港口)的预放行量。此外,平台可根据临时下达的调度任务,自动计算各节点的放行量,并形成最终放行方案。各节点放行量计算需结合其设计能力、所属类别、所处流域、在航船舶情况等因素,通过权重配比和人工设定方式,自动计算得出。并且,平台还提供了方案查询、放行权重修改等功能。具体算法依照本书中西江多梯级船闸联合调度算法实现。

(3)过闸调度管理。平台根据船闸管理策略(调度规则),提供多线船闸及单线船闸的智能自动过闸排档(自动)、智能排档结合人工调整(半自动)、人工排档(全人工)三种过闸调度管理功能,三种过闸管理均应提供表格、图形化操作模式。智能自动过闸排档功能是自动排档算法的具体实现。

(4)调度通知发布。平台能够将调度信息(包括船舶名称、进闸时间、进哪个闸、进闸顺序、进闸位置)以网站形式向社会进行公布。调度信息以表格及二维图形化方式(船位图)显示。

5)统计分析与辅助决策支持

平台提供上、下行单闸过闸统计分析,上、下行多船闸过闸统计分析,船舶待闸时间,月、季、年西江通过能力统计分析,单船航行统计分析等功能。此外,平台还能提供统计分析结果的导出(导出文件格式:EXCEL、PDF、图片等)、打印等功能。

6)权限及安全管理

(1)权限管理。平台按用户的不同权责,提供用户的分级、分层权限管理功能。

(2)安全管理。平台能对过闸调度、待闸报到等相关重要操作提供自动日志跟踪记录功能,使得各类用户的重要操作都能被记录在案,确保重要操作的"可溯性"。

7)基础信息管理

(1)船闸基础信息管理。平台提供对船闸所涉及的尺度、地理位置、产权单位、管理部门等信息的增、删、改、查功能。

(2)船舶基础信息管理。平台具备通航船舶信息的管理功能:增、删、改、查等。联合调度平台提供船舶信息交换接口。

(3)其他基础信息管理。平台提供诸如航道、水文、天气等基础信息的管理功能。其中水文信息可通过与广西水文系统的对接获取数据,或通过人工输入获取数据,方式待定。

8)数据共享接口

按照西江信息化发展规划要求,联合调度平台应提供基于 Web Services 的数据访问功能。对授权的用户或外部系统提供包括船舶、调度记录、预调度记录、统计分析报表、航政信息、待闸记录、基础信息在内的数据访问(读取)接口;平台还提供包括航政信息、基础信息管理在内的数据写入接口。

9)平台使用帮助

(1)用户手册平台提供快捷、直观的用户手册查询功能。

(2)视频指导。对于重要、常用的功能,平台提供步骤清晰的视频操作示范功能。

平台结构,如图 3-11 所示。工程边界及与外部系统间的关系,如图 3-12 所示。

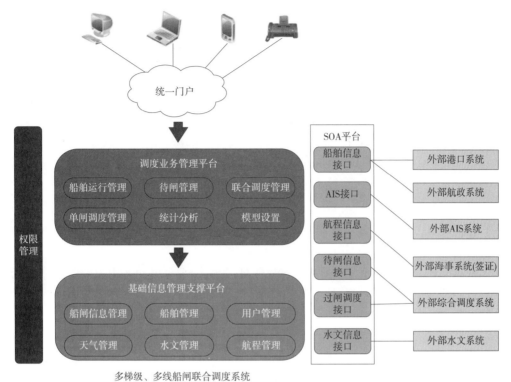

图 3-11　多梯级、多线船闸联合调度平台结构图

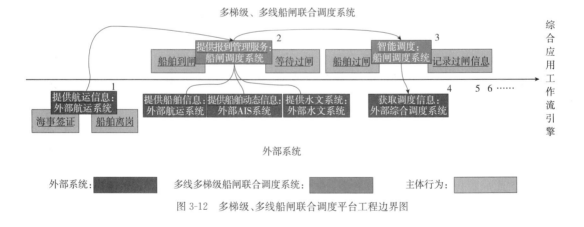

图 3-12　多梯级、多线船闸联合调度平台工程边界图

3.5.4　平台测试

1)测试人员构成

测试人员由 2 名船闸调度人员(一名大专学历,一名高中学历)、1 名软件测试工程师(博士)、5 名助理软件测试工程师、3 名系统研发人员(1 名硕士,1 名大学本科)、3 名计算机专业义务系统测试员(本科)、3 名非计算机专业的义务系统测试员(本科)组成,共计 17 人。

2)测试周期

测试采用网络连接方式,由测试人员于指定时间进行网上测试。同时,为模拟网络繁忙时的平台性能,安排了5次统一并发访问,每次时长3h,测试间隔为1min。总体的测试周期为15个工作日。

3)测试环境

测试环境为网络连接方式,测试人员使用5台IBM T420笔记本计算机和8台Pro 3335MT台式计算机作为平台测试用计算机。网络连接提供了ADSL拨号、局域网和无线局域网方式。为了进行并发压力测试,测试人员还是用LoadRunner测试软件进行高并发访问模拟。

4)测试情况说明

(1)功能测试。对平台各功能模块,参照平台软件规格说明书进行测试工作,所有功能全部通过测试。

(2)性能测试。经人工和LOADRUNNER自带测试,平台可在多用户同时操作状态下稳定运行,在网速较低(1M ADSL)的情况下,平台响应时间明显变慢,平均响应时间为2s。

3.6 本章小结

(1)以长洲枢纽航运形式和存在问题的深入分析为基础,并参照长江、京杭大运河相似船闸调度管理经验,归纳、总结出长洲枢纽总体调度原则,并以该原则为指导,在综合考虑长洲闸室尺度、交通流特点等多方面因素的前提下,提出了长洲多线船闸综合调度算法,该算法通过测试数据验证,能够满足长洲枢纽三四线船闸投入使用后的调度管理要求,采用同样的思路可用于西江流域其他多线船闸调度。

(2)以总体调度规则为指导,面向船闸联合调度的功能需求,将闸室排布问题抽象成数学问题,提出了单闸闸室自动排布算法,为通航管理提供辅助决策支持,在提高闸室使用率的同时,有效降低人为因素对枢纽通航公平性的影响,通过数据验证,闸室平均利用率达到80%以上。

(3)以西江黄金水道干线主要船闸、港口为控制节点,以航运船舶为调度主体,通过分析船闸枢纽、港口、在行船舶的实际情况,结合各船闸的通过能力、港口吞吐能力,提出了西江多梯级船闸智能综合调度算法,算法可为航运管理部门自动生成保障航运资源的优化利用的联合调度方案。

(4)依托西江信息化建设情况(包括网络、通信、信息系统等),研发了"广西西江多梯级、多线船闸联合调度平台软件",并以该平台软件为主要智能调度载体,服务于航运管理部门,规范了调度管理行为,提升了航运管理部门的综合管理水平和服务能力,为保障西江安全、畅通提供了技术支撑。

4 长洲枢纽日调节、压咸调度和下游河床下切对航运影响及航道治理措施研究

西江航运干线作为珠江水系的主通道,其货运量约占珠江干线运输量的70%,是一条名副其实的黄金水道。长洲枢纽下游700多千米河段为天然河段,目前主要有四处主要碍航滩险,分别为广西境内的界首滩和广东境内的都乐滩、新滩和蟠龙滩,这四处滩险的碍航问题是西江黄金水道建设中需要解决的关键问题,其航道尺度能否满足高等级航道尺度要求是西江航运干线高等级航道能否建设的核心问题。另外,由于枢纽清水下泄冲刷和下游Ⅱ级航道整治的影响,下游最低设计水位较原设计水位大幅下降,一线二线船闸下游预留的0.5m富余水深已消失殆尽,在最低水位时已经出现航深不足的问题。随着下游Ⅰ级航道整治工程的实施,下游水位还将会有降落。因此,控制下游水位降落幅度是保证长洲水利枢纽一线二线船闸通航的关键问题。由于上游大藤峡水利枢纽还在前期研究阶段,最近十年内长洲水利枢纽还要肩负珠港澳压咸补淡的补水工作。因此,枯水期水库蓄水会经常性出现下泄流量不能满足最小通航流量的时段,也将对下游航道通航条件造成影响。

本章在充分考虑实际问题的基础上,对长洲枢纽坝下航道整治进行研究,提出合理的解决改善措施,提出长洲枢纽电站日调节对下游航道通航条件影响的应对措施,寻求坝下因水位下降造成的航道水深不足问题的解决方案,分析珠港澳调水压咸造成的下游流量不足对航道的影响。在技术可行的基础上,实现经济最大限度的合理化。

4.1 长洲枢纽下游Ⅱ级航道整治效果分析

长洲枢纽下游Ⅱ级航道(广西段)整治标准为航道尺度3.5m×80m×550m,航道纵向流速控制为一般不大于2.5m/s。工程以枯水航道整治为主,工程措施以疏浚、炸礁与筑坝等为主,工程于2009年12月18日完工交付使用。长洲枢纽下游广东段Ⅱ级航道整治工程尚未进行竣工验收,暂时未能进行效果分析,因此主要进行长洲枢纽至界首段的效果分析。

Ⅱ级航道整治工程实施后,航道内水流流速较小,通航水流条件较好,对整治效果的影响主要表现在同流量条件下枯水位的降落,由此引起部分航段水深不满足3.5m的要求。

图4-1为2010年实测最低通航水位与设计计算的整治后设计最低通航水位(以下简称为整治后最低通航水位)的比较,长洲枢纽船闸下引航道出口处整治后最低通航水位为4.58m,整治后2010年实测值为3.33m,下降1.25m;梧州水文站整治后最低通航水位为3.05m,整治后2010年实测值为2.40m,下降0.65m。设计最低通航水位的降落引起沿程多处航道水深不能满足3.5m的设计要求(图4-2)。

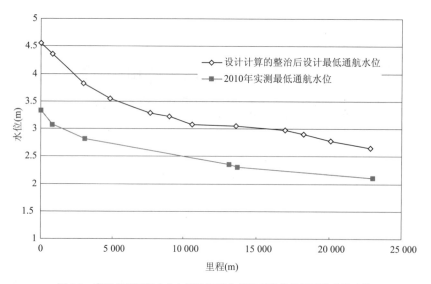

图 4-1　实测最低通航水位与设计计算的整治后设计最低通航水位比较

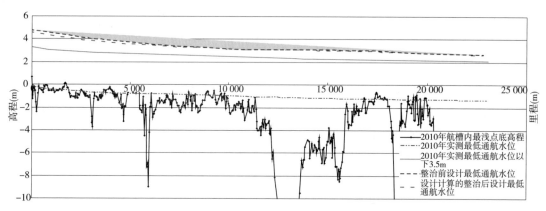

图 4-2　长洲至界首段工程后实测设计水位与实测航槽内最高点纵剖面图

4.2　长洲枢纽日调节、压咸调度的下游水力因素变化规律分析

4.2.1　长洲枢纽压咸调度期典型日调节下游水力因素变化规律

1）压咸调度泄流过程分析

近年来,珠江流域持续降雨偏少、来水偏枯,珠江口咸潮上溯不断加剧,严重威胁珠港澳地区居民的饮用水安全。长洲枢纽肩负着珠港澳压咸补淡的补水工作,从 2007~2012 年水量的实际调度过程来看,长洲枢纽实际下泄流量逐渐向具有日调节特性转换(图 4-3)。一般情况下压咸调度要求枢纽下泄流量不小于 1 800m³/s,但在水库回蓄期间下泄流量可能低于设计流量(梧州水文站以上设计流量 1 040m³/s,以下 1 090m³/s)。

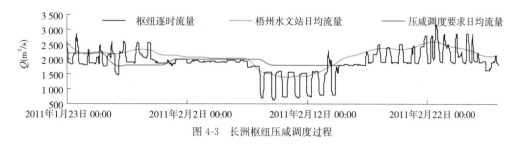

图 4-3 长洲枢纽压咸调度过程

2）压咸调度期典型日调节计算边界条件

受原型观测资料限制，利用一维数学模型计算长洲枢纽压咸调度期的水力因素变化规律。长洲枢纽下泄流量过程根据压咸调度的特点概化为两个下泄流量过程（如图 4-4 所示），其中下泄流量过程 1 的流量均大于梧州站设计流量 1 040 m³/s，最大下泄流量为 2 604 m³/s，最小为 1 178 m³/s，平均下泄流量为 1 724 m³/s；下泄流量过程 2 部分时段的流量小于 1 040 m³/s，最大下泄流量为 1 597 m³/s，最小 785 m³/s，平均 1 259 m³/s。下边界肇庆高要站水位过程最大潮差 1.06 m，两个计算水位过程潮形相同但相位不同。研究河段既受到长洲枢纽调节非恒定流的影响，又受到潮汐的影响。数学计算工况详见表 4-1。

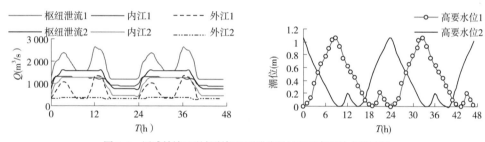

图 4-4 压咸补淡工况长洲枢纽下泄流量过程及高要站水位过程

长洲枢纽压咸调度计算工况　　　　表 4-1

工况	上边界	下边界	桂江	贺江
组合 1	下泄流量过程 1	水位过程 1	50 m³/s	10 m³/s
组合 2	下泄流量过程 1	水位过程 2	50 m³/s	10 m³/s
组合 3	下泄流量过程 2	水位过程 1	50 m³/s	10 m³/s
组合 4	下泄流量过程 2	水位过程 2	50 m³/s	10 m³/s

3）枯水期长洲枢纽压咸调度的下游水力因素变化

图 4-5 和图 4-6 分别给出了水面线变化过程和最高最低水位及变幅，其中长洲尾以上水位为外江水位。可以看出，距离坝下 50 km 左右河段（三滩河段）为水位变化的分界区，其上水位变化幅度逐渐减小，其下水位变幅幅度逐渐增大，表明上游河段水位变化主要受枢纽调节非恒定流影响，下游河段主要受潮汐过程影响。

四种组合工况条件下，长洲枢纽至罗旁河段在上游非恒定流与下游潮汐共同作用条件下，河段最大流速为 0.2~1.6 m/s，各组合工况变化不大，如图 4-7 所示。

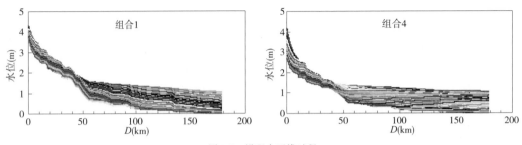

图 4-5 沿程水面线过程

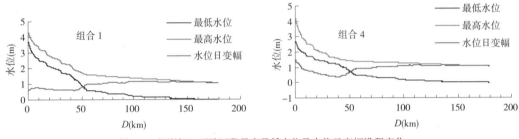

图 4-6 长洲枢纽下游河段最高最低水位及水位日变幅沿程变化

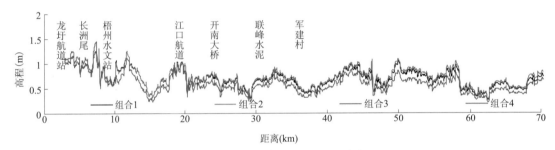

图 4-7 航道中心线最大流速沿程分布

图 4-8 给出了枢纽下游沿程流量变化过程,其中长洲尾以上流量为外江流量。从流量过程可以看出,当压咸调度下泄最小流量小于航运基流时,近坝段受径流影响,沿程部分时段的流量均小于设计流量,致使近坝段尤其长洲枢纽至界首河段最低通航水位难以保障。河段下游具有涨潮流,流量过程线呈哑铃形,在坝下 50km 附近变化最小。

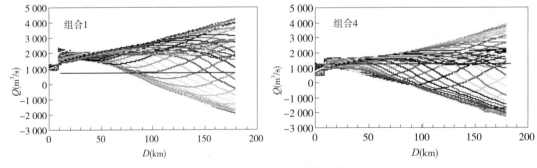

图 4-8 枢纽下游河段流量过程

4.2.2 长洲枢纽非压咸调度期日调节波传播过程分析

为了分析长洲枢纽日调节波的传播过程,根据2008～2011年长洲枢纽下泄过程,选择比较典型的非压咸调度期长洲日调节过程进行模拟分析。

选择2011年4月8日的日调节过程作为典型过程进行循环模拟(图4-9)。最大下泄流量为3 816m³/s,最小流量为1 917m³/s,流量日变幅为1 899m³/s。旺村电站流量采用50m³/s,贺江和罗定江汇流流量分别取10m³/s和5m³/s,高要采用中枯水期中潮位水位流量关系作为边界条件。

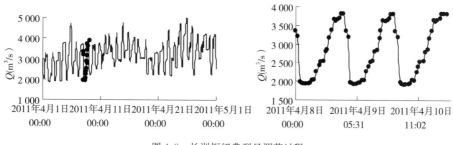

图4-9 长洲枢纽典型日调节过程

长洲枢纽日调节过程下,下游河段沿程流量、水位的变化及最大流量、水位及其日变幅见图4-10。可以看出,水位和流量变幅沿程衰减过程,其中长洲枢纽坝下50km河段衰减速度较快,之下河段水位变化不显著。长洲坝下的日水位变幅为1.22m,至长洲尾水位变幅减为0.88m,至桂江汇合口水位变幅减为0.80m。界首滩河段水位日变幅在0.65～0.70m之间,三滩河段水位日变幅在0.26～0.55m之间,表明界首滩和三滩的上段受枢纽日调节波的影响较大。

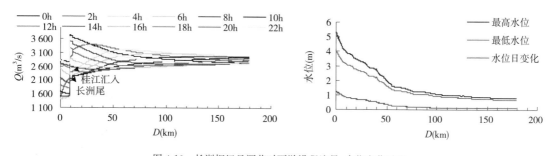

图4-10 长洲枢纽日调节时下游沿程流量、水位变化过程

4.2.3 小结

长洲枢纽压咸调度期典型过程计算表明:坝下50km左右河段(三滩河段)为水位变化的分界区,其上水位变化幅度沿程逐渐减小,主要受枢纽调节非恒定流影响;其下水位变幅幅度沿程逐渐增大,主要受潮汐过程影响;在坝下50km附近水力因素变化最小。枢纽非压咸日调节时,河道沿程水力因素变化规律与压咸调度期变化规律基本一致,水位和流量变幅沿程衰减过程,其中长洲枢纽坝下50km河段衰减速度较快,之下河段水位变化不显著。

4.3 多重因素影响下的长洲枢纽坝下河床下切对航运的影响研究

长洲枢纽坝下河床下切主要受枢纽清水冲刷、航道整治工程以及人工挖沙等因素影响,河床下切引起坝下枯水位的降落,从而对航运产生较大影响。

4.3.1 多重因素影响下长洲枢纽运行对航运的影响

1)设计流量条件下梧州水文站水位降落

长洲枢纽运行前:根据梧州水文站2000~2006年实测水位、流量资料,总体来讲,坝下河段水位呈逐年降低趋势[表4-2和图4-11a)],在设计流量条件下2005年水位较2000年水位下降约0.3m,年均降幅约为0.05m。此阶段长洲枢纽下游水位下降主要受自然演变和采沙因素影响,水位降落以年降幅较小、个别年份水位陡降为主要特点。

长洲枢纽运行前梧州站设计流量($Q=1\,140\,m^3/s$)对应的水位值　　　表4-2

年份	2000	2001	2002	2003	2004	2005	2006
水位(m)	3.08	3.05	3.05	2.78*	2.83	2.78	2.90
变化值(m)		−0.03	0	−0.27	0.05	−0.05	0.12

注:*代表年内变化幅度较大(水位采用国家85高程)。

长洲枢纽运行后:长洲枢纽于2007年水库蓄水,根据梧州水文站2007~2013年实测水位、流量资料[图4-11b)],水位流量关系呈逐年下降趋势,该时段水位降落幅度比较大(表4-3),2008年较2007年上限下降约0.3m,与2007年下限相比相差不大,2009年较2008年下降0.05m,2009年与2010年水位变化不大,说明枢纽清水下泄引起的水位下降趋势趋缓,航道整治和人工采沙等人类活动对坝下水位影响突出。2011年水位年内变化明显,较2010年下降0.3~0.5m,2010~2011年间坝下至界首地形以冲刷为主,龙圩水道平均冲深约0.2m左右,洗马滩冲深一般为0.5~1.0m,鸡笼洲平均冲深约0.4m。2010年长洲枢纽坝下航道整治工程已全部完工,可见,采沙对坝下水位降落还是有明显的影响。2012年水位与2011年下限水位变化不大,2012年水位与2013年水位基本无变化,说明近期枢纽下泄引起的河床下切的影响有趋于稳定的趋势。梧州水文站原设计水位3.20m,2013年设计流量对应的水位为1.90m,降落1.30m。

长洲枢纽运行后各水位站设计流量对应的水位值　　　表4-3

年份		2007	2008	2009	2010	2011	2012	2013
梧州水文站	水位(m)	2.65*	2.6	2.55	2.45	1.95*	1.9	1.9
	降落(m)	−0.25	−0.05	−0.05	−0.1	−0.5	−0.05	0
坝下水尺	水位(m)			3.60	3.43	3.25		
	降落(m)				−0.17	−0.18		

注:*代表年内变化幅度较大(水位采用国家85高程系统)。

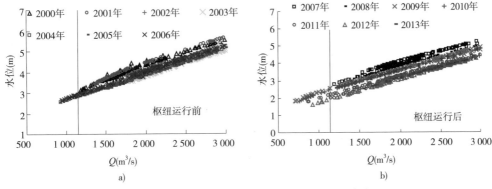

图 4-11　长洲枢纽运行前后梧州水文站水位流量关系

可见,长洲枢纽运行后的这个时段影响因素最为复杂,且各个因素互相交叉。2007～2010 年坝下水位变化主要受枢纽清水下泄引起的河床下切、采沙及航道整治等方面的影响,2011～2013 年坝下水位变化不大,逐渐减小有趋于稳定的趋势。总体来讲,坝下枯水水位在现有条件下有逐渐减小渐趋稳定的趋势。

长洲坝下 3 000t 级航道整治后,根据已有研究成果可知,长洲枢纽三线四线船闸建设引起坝下 1.5km 处的水位降落约为 0.17m,因 3 000t 级航道整治引起的水位降落值为 0.47m。可见,在现有条件下,待长洲三线四线船闸和长洲坝下 3 000t 级航道建成后,设计流量条件下船闸下游口门位置水位约为 2.61m。

2) 枢纽压咸调度期航运基流低于要求

长洲枢纽运行时,按保证瞬时最小下泄流量不小于原天然河流设计最低通航水位相应的流量 1 090m³/s 运行。根据长洲电站的调度运行方式,下泄最小通航流量 1 090m³/s 时,内、外江分流比与天然情况基本一致,内江下泄 245m³/s,外江下泄 845m³/s,因此坝下龙圩水道的设计最小通航流量为 845m³/s。从 2007～2011 年枢纽枯水期逐时下泄资料[图 4-11b)]及调度要求可见,补水期间只对日均流量做要求,一般在 1 200～2 300m³/s,但对航运基流不做要求。枢纽运行过程中,日调节过程平均流量超过设计流量,但最小值往往低于设计流量,而当泄流量低于航运基流时,坝下航道将出现水深不足问题。

3) 枯水位降落引起一二线船闸保证率降低

长洲枢纽一二线船闸附近水位与梧州水文站 2011 年同步观测资料表明,两水尺相关性较好。梧州水文站的保证率能反映上游船闸的通航情况,目前原梧州水文站设计水位的保证率约为 86%,可见下游水位下降将导致一二线船闸通航保证率有所降低。

4.3.2　水位下降对研究河段设计水位的影响

1) 下游水位下降对坝下 10km 河段水位的影响

下游水位下降对坝下 10km 河段水位的影响由长洲枢纽整体水工模型试验得到,试验选用设计流量 1 090m³/s,将尾门水位在现有控制水位的基础上降低 0.2～0.8m,模拟下游水位降落影响。试验结果显示,随着尾门水位的降低,各水尺水位呈逐步降低趋势,同时随着尾门水位下降幅度增大,上游水尺水位变幅减小,上下游水位差逐渐增大,沿程比降由 0.04‰增大至 0.07‰,当尾门下降 0.8m 时,设计流量下坝下围堰(s1)水位下降 0.56m,为 2.0m。

2)下游水位下降对坝下 30km 河段水位的影响

下游水位下降对坝下 30km 河段水位的影响由长洲枢纽坝下 30km 河工模型试验得到,试验结果表明,设计流量 $Q=1\,090\text{m}^3/\text{s}$ 时,下游水位下降 5~30cm,上游 1 号(苍梧海事局)水尺水位下降 0.01~0.04m,平均比降由现有的 0.051‰增大到 0.060‰。

3)挖沙(河床下切)对长洲枢纽至界首河段沿程设计水位的影响

采用二维数学模型沿航道进行挖沙,挖沙河段主要分为长洲枢纽至界首段、界首至罗旁、罗旁至肇庆段以及长洲枢纽至罗旁段,挖沙深度考虑 1m、2m、3m 三种。各挖沙方案在设计流量下引起沿程水位变化如图 4-12、图 4-13 所示,统计分析表明:长洲枢纽至罗旁段枯水河槽变化对近坝段水位影响明显。

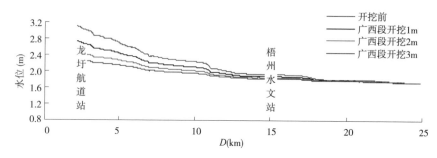

图 4-12 长洲枢纽至界首段沿航道挖沙对设计水位的影响

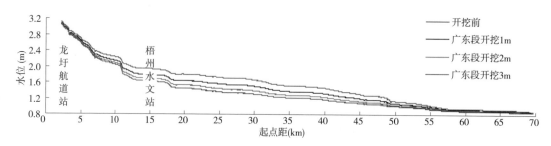

图 4-13 广东界首至罗旁段沿航道挖沙对设计水位的影响

长洲枢纽至界首挖沙:造成了长洲枢纽坝下水位较大幅度的下降,随着挖沙深度的增加,龙圩航道站水位最大下降幅度从 0.36~0.81m 不等,梧州水文站水位降落 0.05~0.11m;广东界首至罗旁段挖沙:造成坝下河段水面线的下降,且对界首段影响最大,龙圩航道站水位最大下降幅度从 0.17~0.37m 不等,梧州水文站水位下降 0.14~0.30m;长洲枢纽至罗旁段挖沙:河段水面线下降幅度较大,随着挖沙深度的增加,龙圩航道站最大下降幅度从 0.43~1.08m 不等,梧州水文站水位下降 0.20~0.47m;广东罗旁至肇庆段挖沙:对近坝段水位下降影响较小,当下游挖沙深度 1m、3m 时,龙圩航道站最大下降幅度为 0.002~0.006m,梧州水文站水位下降 0.009~0.022m,水位下降幅度沿程不断减小。

4.3.3 水位下降规律研究

1) 本河段航道整治及挖沙对水位下降影响的规律

水工模型及近坝段物理模型试验及数学模型计算表明,当本河道进行航道整治时,以沿程疏浚为主的工程措施将造成沿程水位降低,表现为沿程递减的规律,滩头水位降落值最大,在形状上呈锥形,如图4-14所示。

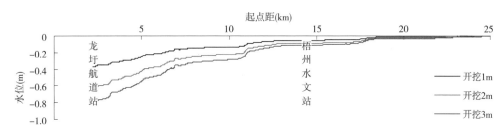

图4-14 二维数学模型设计流量条件下长洲至界首段挖沙对水位降落的影响

2) 下游航道整治及挖沙对长洲枢纽至界首河段沿程水位影响的规律研究

当河道下游进行航道整治时,对水位的影响会传递至枢纽下游,造成滩头水位降落,降低的规律表现为沿程越往上游水位降落程度越缓慢,滩头水位降落值最小,在形状上呈喇叭形。

当下游三滩段河道航槽分别开挖1~3m时,对水位的影响会传递至枢纽下游,造成滩头水位降落,降低的规律表现为沿程越往上游水位降落程度在开挖段头部最大,当传递至上游坝下时,水位降落越缓慢,滩头水位降落值最小,在形状上呈喇叭形(图4-15)。

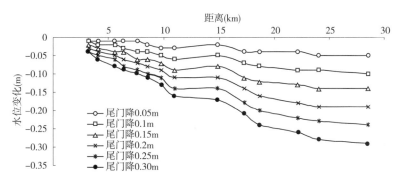

图4-15 近坝段河工模型下游航道整治或挖沙影响下沿程设计水位下降规律

4.3.4 小结

长洲枢纽运行后,对航运的主要影响是枯水位下降,一二线船闸下引航道航深不足,一二线船闸通过能力降低。坝下河段枯水水位呈非线性下降,目前枢纽清水下泄引起的水位下降趋势趋缓,人工采沙和航道整治等人类活动对坝下水位影响突出。

物理模型的尾门降落试验表明:尾门水位降落而本滩段地形保持不变时,设计流量时坝下水位降落不明显;挖沙计算表明,近坝段的水位降落主要受近坝段开挖影响,而梧州水文站受界首至罗旁段挖沙影响较为明显,而罗旁段以下河道挖沙对近坝段及梧州水文站水位影响较小。

当本河道进行航道整治时,以沿程疏浚为主的工程将造成沿程水位降低,降低过程表现为沿程递减的规律,滩头水位降落值最大,在形状上呈锥形;当河道下游进行航道整治时,水位降低的规律表现为沿程越往上游水位降落程度越缓慢,滩头水位降落值最小,在形状上呈喇叭形。

4.4 长洲枢纽坝下3 000t级航道整治设计方案研究

4.4.1 长洲枢纽下游河段航道整治参数确定

1)整治水位

整治水位采用经验法,根据西江一期工程整治的成功经验,枯水滩整治水位取设计最低通航水位2.0~2.5m。

2)整治线宽度

整治线宽度是根据西江一期工程整治的成功经验,即选用水力学公式 $B=\dfrac{Qn}{(\eta t)^{5/3}J^{1/2}}$ 进行计算,整治线宽度计算结果:龙圩水道为320~340m,界首滩为550m。

4.4.2 长洲枢纽至界首段航道整治方案

1)整治原则

长洲枢纽至界首河段为坝下近坝区河段,历经多次航道整治,特别是1996年西江一期工程、2009年Ⅱ级航道整治工程竣工后,已形成了一条较为稳定的枯水航槽,航线可调整的余地不大。因而航道整治应顺应河势,以枯水整治为主,疏浚、炸礁和筑坝措施相结合,在满足航深的条件下减缓枢纽下游水位下降的幅度。

2)工程布置

根据《西江航运干线贵港至梧州3 000t级航道工程》设计方案,航道主要为挖槽,挖槽布置及航道断面开挖如图4-16所示。除局部航段有所加宽外,航道建设尺度为4.1m×90m×670m(航深×航宽×转弯半径)。采用疏浚、炸礁相结合的常规措施。洗马滩及龙圩水道开挖范围较大,平均开挖深度达1.0m左右,鸡笼洲及界首前段开挖范围则较小。

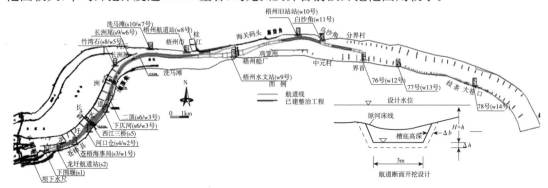

图 4-16 长洲枢纽坝下至界首航道整治方案及沿程水尺布置

3)沿程水位变化

(1)近坝段水工模型

3 000t级航道整治工程实施后,受下游航道开挖的影响,坝下沿程水尺均出现不同程度变化。相同流量条件下,距离枢纽越近水位降幅越大,距枢纽越远水位降幅越小,西江三桥上游河段水位降落较为明显,其下游河段水位降幅较小,航道开挖导致的水位降落影响主要处于坝下5km范围内。因工程引起的水位降落主要在5 000m³/s流量以下,在中洪水期工程对水位影响不大。

当流量为1 090m³/s时,坝下尺1~尺3水位降幅最大,尺6以下水位变化不大,水位降落主要分布在坝下5km范围内。此时尾门控制水位为2.33m,下围堰尺1水位为2.71m,较工程前下降0.37m,比原设计水位4.70m低1.99m。

受航道疏浚开挖的影响,枯水流量条件下水流主要集中在航槽内,全程平均比降为0.04‰,明显缓于工程前的0.08‰,航道内最小水深为4.52m。一线船闸下游门槛水深为2.44m,二线船闸下游门槛水深为1.44m,均低于原设计4.5m和3.5m的槛上设计最小水深;三线船闸下游槛上水深为6.96m,高于5.8m的设计值。

表4-4所示为近坝段设计方案各级流量条件工程前后沿程水位变化。

近坝段设计方案各级流量条件工程前后沿程水位变化(单位:m)　　表4-4

水 尺 号		$Q_{内}/Q_{外}$(m³/s)						
		1 090/845			3 000/2 250		7 000/4 250	
		工程前	工程后		工程前	工程后	工程前	工程后
			尾门不变	尾门下降0.2m				
下围堰	s1号	3.08	2.71	2.61	5.64	5.32	9.14	9.11
龙圩航道站	s2号	3.04	2.68	2.58	5.63	5.3	9.09	9.07
苍梧海事局	s3号	2.92	2.62	2.53	5.5	5.26	9.08	9.09
河口仓	s4号	2.74	2.6	2.44	5.36	5.17	9.01	9
西江三桥	s5号	2.72	2.59	2.43	5.32	5.17	8.99	8.98
下仄河	s6号	2.6	2.54	2.4	5.21	5.1	8.96	8.96
二顶	s7号	2.53	2.5	2.35	5.15	5.06	8.93	8.91
竹湾石	s8号	2.44	2.43	2.25	4.96	4.95	8.91	8.9
长洲尾	s9号	2.37	2.37	2.17	4.93	4.93	8.87	8.87
洗马滩	s10号	2.33	2.33	2.13	4.89	4.89	8.85	8.85

(2)坝下长河段物理模型

工程实施后,水尺1至水尺14水位均有所下降,如表4-5所示。上游水位下降幅度较下游大,1号水尺水位下降10.0~35.0cm,14号水尺水位下降4.0~7.0cm。其中设计流量时($Q=1 090$m³/s)水位降幅最大。

4)近坝段船模航行条件

当流量为1 090m³/s时,2 000t级船队以3.0m/s静水航速下行,可以顺利出一二线船闸进入主航道航行至长洲岛尾,所操舵角在20°以内,船舶漂角在10°以内。2 000t级船队以 3.5m/s 静水航速上行,舵角均保持在 20°以内,船舶漂角在 2°～9°之间,船舶航行姿态良好。

表 4-5 工程前后各流量级下沿程水位变化(单位:m)

水 尺		$Q=1\,090\,m^3/s$		$Q=3\,450\,m^3/s$		$Q=6\,540\,m^3/s$	
		工程前	设计方案	工程前	设计方案	工程前	设计方案
苍梧海事局	w1 号	3.00	2.65	5.73	5.53	8.54	8.44
河口仓	w2 号	2.83	2.51	5.55	5.36	8.44	8.35
下仄河	w3 号	2.65	2.36	5.46	5.30	8.36	8.28
二顶	w4 号	2.57	2.30	5.43	5.28	8.34	8.26
竹湾石	w5 号	2.33	2.12	5.30	5.19	8.24	8.16
长洲尾	w6 号	2.29	2.10	5.28	5.18	8.22	8.15
洗马滩	w7 号	2.25	2.07	5.27	5.17	8.21	8.14
梧州航道站	w8 号	2.10	1.99	5.12	5.04	8.12	8.07
梧州水文站	w9 号	2.05	1.96	5.07	5.00	8.05	8.01
梧州旧站	w10 号	1.92	1.86	4.90	4.84	7.94	7.89
白沙角	w11 号	1.82	1.79	4.83	4.77	7.88	7.84
76 号	w12 号	1.81	1.78	4.77	4.70	7.81	7.77
77 号	w13 号	1.75	1.70	4.71	4.64	7.74	7.70
78 号	w14 号	1.72	1.67	4.69	4.62	7.71	7.67

3 000t 单船以 3.0m/s 静水航速下行,可以顺利出三四线船闸进入主航道航行至长洲岛尾,所操舵角在 20°以内,船舶漂角在 10°以内。3 000t 单船以 3.5m/s 静水航速上行,舵角均保持在 20°以内,船舶漂角在 2°～9°之间,船舶航行姿态良好。

当流量为 5 000m³/s 和 17 000m³/s 时,2 000t 级船队和 3 000t 级单船均能较为顺利通过工程区,舵角保持在 21°以内,船舶漂角保持在 10°以内。

当流量为 34 500m³/s 时,2 000t 级船队在下行经过西江大桥时,需要提前操左舵调整船位,舵角保持在 18°以内,船舶漂角保持在 10°以内。上行时受横流影响,船舶需不断通过操舵调整船位,由于西江大桥通航孔仅有 80m 宽,因此,在上行时存在船尾擦碰桥墩的危险。

5)航道沿程流速变化

工程实施后,设计流量($Q=1\,090\,m^3/s$)、整治流量($Q=3\,450\,m^3/s$)及中洪水流量($Q=6\,540\,m^3/s$)三级流量条件下工程前后航道沿程流速分布情况如图 4-17 所示。可以看出,纵向流速值较工程前有所变化,横向流速值较工程前有所减小,横向流速变化主要在龙圩水道铁顶角及洗马滩附近。

设计流量时,纵向流速变化一般在-0.10～0.10m/s 之间,最大变化值为-0.15m/s 左右;横向流速变化一般在-0.03～0.03m/s 之间,最大减小值为 0.05m/s 左右。

整治流量时,纵向流速变幅一般在-0.07～0.07m/s 之间,最大变化值为-0.09m/s 左右。横向流速值变幅一般在−0.03～0.03m/s之间,最大减小值为0.05m/s左右。

流量$Q=6\,540\text{m}^3/\text{s}$时,纵向流速变幅一般在−0.03～0.03m/s之间,最大变化值为−0.05m/s左右。横向流速变幅一般在−0.01～0.01m/s之间,最大减小值为0.02m/s左右。

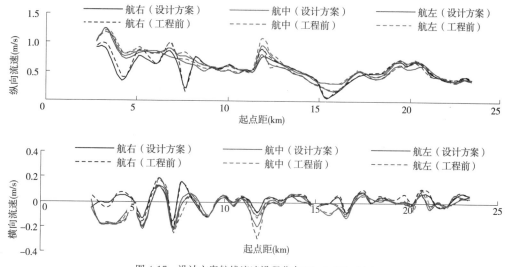

图 4-17　设计方案航线流速沿程分布($Q=1\,090\text{m}^3/\text{s}$)

6)河床冲淤与水位变化趋势

设计方案实施后,经过2008年水沙过程,长洲枢纽—界首河段河床等高线变化如图4-18所示,该河段深槽、边滩的位置和范围虽然未发生很大变化,但多数河床部位已出现一定程度的冲刷,洗马滩附近0m等高线的宽10～75m,鸡笼洲至界首附近0m等高线展宽5～80m。断面最大冲深在1.0m左右,平均冲深为0.20～0.50m。

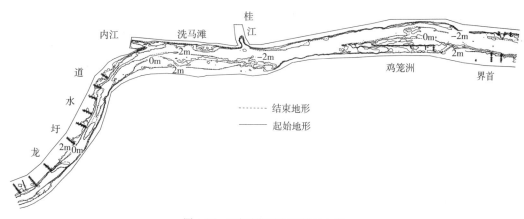

图 4-18　河床冲淤变化图(设计方案)

航槽开挖后,洗马滩及鸡笼洲至界首段−2.0m等高线已贯通。经过2008年水沙过程后,洗马滩及鸡笼洲至界首段−2.0m等高线仍贯通。但受河道放宽、流速有所减缓的影响,开挖后的航槽内有少许部位略有少量回淤,相应的−2.0m等高线的宽度略有缩窄,但变幅很小。

经过2008年水沙过程后,由于河床进一步冲刷下切,各水位站水位也发生了相应变化,设计流量下(Q=1 090m³/s),水位下降1.0～7.0cm,其中上游水位下降值较下游大。

4.4.3 三滩河段整治方案

1)滩段整治原则

三滩河段河道顺直放宽,洪、枯季水流动力轴线不一致,洪水期在航槽中落淤的泥沙枯水期冲刷不及时是该碍航浅滩的主要成因。此外,潮汐的顶托影响及航道整治引起河道的再造床作用也是浅滩形成的重要原因。针对该浅滩成因,航道整治原则为,充分利用主导河岸,因势利导,按照河势发展的有利趋势,以中水期流向为主,适当照顾低水流向,使得中、枯季水流动力轴线尽可能趋于一致,有利于泥沙向下游输移,同时考虑行洪、工程量及工程效果等因素。整治线宽度600m。

2)方案布置

整治措施为疏浚和炸礁相结合,航道设计尺度为4.1m×90m×670m。

方案一:平面布置如图4-19所示。整治线布置走向与以前整治时基本一致,利用主导河岸,采用平滑曲线连接。上游以进口"谷圩沙"右岸为上基点,出谷圩沙后沿河中心布置,直至旺村整治线沿左岸布置,越过浅滩脊经扶赖沙摆向右岸后,整治线沿井涌村下游右岸布置,至长岗镇摆向都乐左岸,进入凹岸。航槽开挖主要集中在开南大桥下游和都乐滩左侧,挖深最大有2m,大部分在1m左右,开挖范围不大。

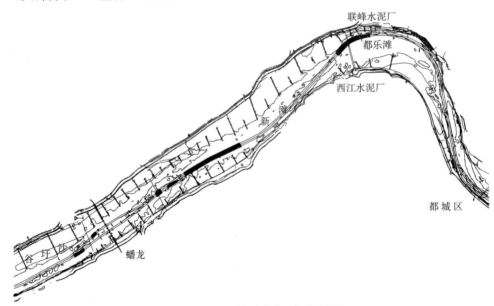

图4-19 西江三滩整治方案一航道开挖图

方案二:广东航道部门2006年提出的内河Ⅱ级航道标准建设的设计方案,与方案一大体相同。方案二的平面布置如图4-20所示。与方案一相比,在开南大桥以上,航道比方案一偏右150m左右,在开南大桥处汇合,在开南大桥以下,至新滩偏左,新滩以下偏右80～100m。方案二开挖32万m²,方案一开挖23万m²,相差9万m²。

3) 沿程水位变化

方案一航道开挖后沿程水位有不同程度下降,其中流量 $Q=3\,930\text{m}^3/\text{s}$ 下降幅度较大,流量 $Q=15\,280\text{m}^3/\text{s}$ 下降幅度较小。最大下降 0.032m。同样方案二航道开挖后沿程水位有不同程度下降,其中小流量下降幅度较大,大流量下降幅度较小,最大下降为 0.056m。可见,三滩河段航道开挖后没有引起水位明显降低,通航水位仍保持一定的稳定。方案二水位下降略大于方案一。

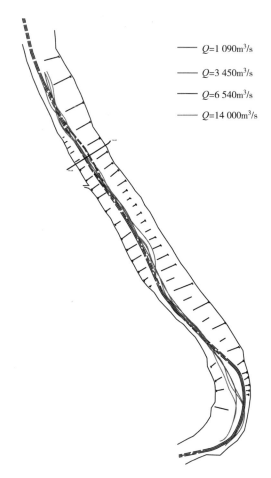

图 4-20　各级流量下水流动力轴线变化图

4) 航道沿程流速变化

方案一与方案二流速流态变化基本相同,航道开挖后流速主要在挖槽附近变化,蟠龙滩、新滩及都乐滩流速沿程分布趋于平缓。枯水流量时丁坝作用较明显,挖深航槽流速以增加为主,但变幅较小;上游流量为 $1\,140\text{m}^3/\text{s}$ 时,流速增幅一般为 $0.01\sim0.03\text{m/s}$;上游流量为 $3\,930\text{m}^3/\text{s}$ 时,挖槽断面流速增幅一般为 $0.01\sim0.07\text{m/s}$。洪水流量时,水位抬高丁坝淹没,丁坝作用不太明显,挖深航槽流速有增有减;上游流量为 $6\,740\text{m}^3/\text{s}$ 和 $15\,280\text{m}^3/\text{s}$ 时,方案实施后挖槽断面流速以减少为主,但变幅不大。枯水流量航槽流速增加有利于航深维护;流速变幅不大,对航道的稳定是有利的。工程实施后,各流量级下航道内流速均小于2.0m/s。

不同流量下的水流动力轴线如图4-20所示,可以看出,枯水流量时,水流动力轴线基本为深泓走向,流量越大,水流动力轴线逐渐趋直。在旺村河段、新滩及都乐滩弯道处枯水与洪水的动力轴线最大相距分别为250m、350m和700m。在都乐滩弯道处,枯、中水的动力轴线沿凹岸深槽,洪水时摆向凸岸,符合弯道水流运动的一般规律。从水流动力轴线位置来看,航道布置在动力轴线附近,新滩、都乐航道在弯道凹岸处,泥沙不易淤积,对航道维护有利。

西江三滩受潮汐影响潮差最大有1m左右,在低潮时,航道水深有可能不够,需引起重视,建议加强枯水位水文观测。

5) 河床冲淤变化

以方案一(图4-21,图4-22)为例进行了动床试验,试验结果表明,在2011年4月地形条件下,开南大桥以下滩槽以冲刷为主,丁坝前沿冲刷最大,有2m左右;新滩附近水流分散,航槽有泥沙淤积,平均淤厚约0.7m;新滩以下深槽和边滩冲刷,冲深0.5～1.0m;都乐滩凹岸略有冲刷。航道开挖后,水位、流速、流态变化较小,不会引起河床大格局的变化。近年来西江上游水土保持工作开展、人工挖沙等因素,西江流域来沙量大幅减少,航道浚深后,辅助少量维护性疏浚,3 000t级航道建设开发是有可能保证的。

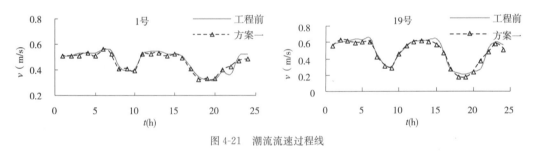

图4-21 潮流流速过程线

4.4.4 坝下60km河段航道整治工程实施一年后水深

图4-23给出了坝下长河段二维数模计算的长洲至界首河段设计方案以及三滩河段方案一实施一年后的河道水深情况(设计流量下)。结果表明,龙圩水道以冲刷为主,平均冲深为0.2～0.4m,除西江三桥附近略有淤积外,挖槽基本稳定。界首河段以冲刷为主,平均冲深为0.2～0.8m,除江口航道站附近略微淤积外,挖槽基本稳定。三滩河段以冲刷为主,平均冲深为0.2～0.6m,挖槽基本稳定。可见,长洲枢纽坝下60km河段航道整治工程实施一年后,河道水深基本满足3 000t级航道要求。

4.4.5 小结

设计方案实施后将引起坝下水位降落,三滩设计方案采用滩头水位降落为0.026m,传递至物理模型1的尾门水位降落为0.05m,苍梧海事局处水尺降落0.35m,坝下水位降落为0.47m。设计方案的水深满足3 000t级航道整治水深要求,通航水流条件较好。

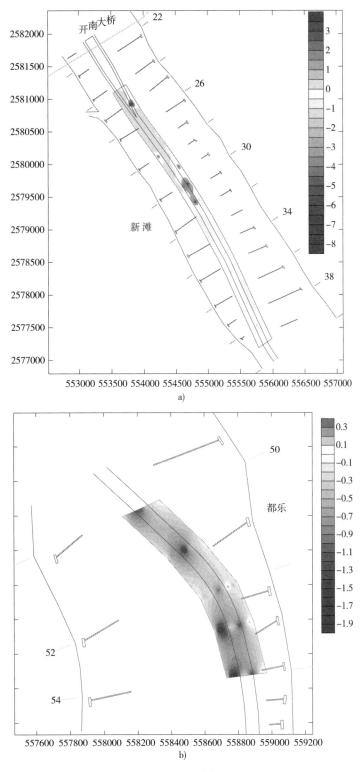

图 4-22 方案一河道冲淤变化图

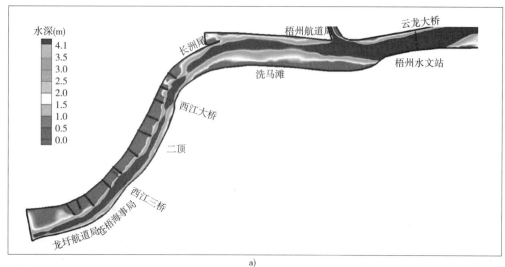

a)

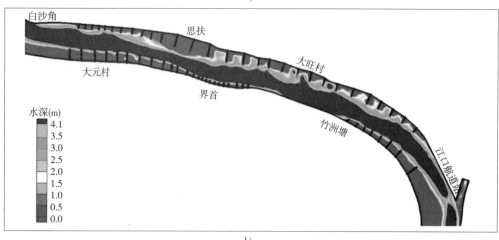

b)

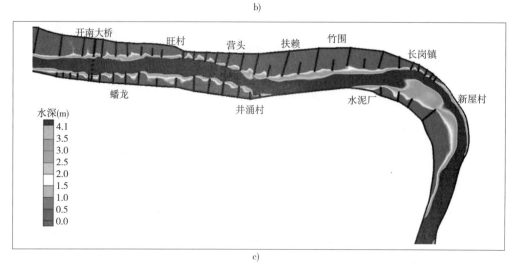

c)

图 4-23　长洲至界首以及三滩整治工程实施一年后河道水深（三滩河段）

4.5 减缓坝下河段水位降落的3 000t级航道整治方案研究

4.5.1 长洲枢纽至界首段航道整治工程措施研究

利用水工模型和广西段物理模型对减缓水位降落的工程措施进行研究。

1)水工模型减缓水位降落工程单因素研究

(1)工程布置

水工模型在设计方案的基础上进行了三组方案研究,包括缩窄枯水河宽、填筑深槽、减小桥区航道宽度等,方案布置见表4-6和图4-24。

水工模型减缓水位降落方案   表4-6

方案	方 案 布 置
修改方案一	下游左侧6条丁坝延长至航道边缘,总延长长度为398m
修改方案二	西江大桥下游深槽填至2.40m(航道设计底高程)
修改方案三	将西江三桥桥区航道的宽度由320m减小至160m,选择右侧通航孔作为枯水航道,中间通航孔恢复至天然地形

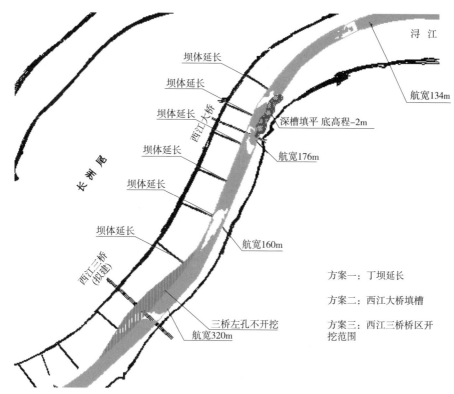

图4-24 修改方案工程布置图

(2)减缓水位降落效果

如表4-7所示,修改方案一试验结果显示,丁坝束窄对设计流量坝下水位无明显影响,水位变化仅为 0.01m。因该流量条件下水流已基本归槽,丁坝的束窄对过水断面面积影响很小,因此对水位影响不大。修改方案二试验结果显示,该方案对尺 3～尺 8 水位有一定影响,其中尺 8 水位抬高 0.03m,尺 3 水位抬高 0.01m,其余水尺水位变化不大。试验结果表明,对控制上游水位降落效果不明显。修改方案三受航道束窄的影响,尺 1～尺 8 水位有所增大,其中坝下尺 1～尺 4 水位抬高 0.02～0.03m,尺 5～尺 8 水位抬高 0.01～0.02m。试验结果表明,缩窄西江三桥桥区航道宽度对于控制坝下水位降落有益处,但幅度不大。

水工模型修改方案设计流量条件下沿程水位(单位:m)　　表 4-7

水尺号		设计方案	修改方案一		修改方案二		修改方案三	
			水位	变化	水位	变化	水位	变化
下围堰	S1 号	2.71	2.72	0.01	2.71	0	2.74	0.03
龙圩航道站	S2 号	2.68	2.68	0	2.68	0	2.7	0.02
苍梧海事局	S3 号	2.62	2.63	0.01	2.63	0.01	2.64	0.02
河口仓	S4 号	2.6	2.61	0.01	2.61	0.01	2.61	0.01
西江三桥	S5 号	2.59	2.59	0	2.6	0.01	2.6	0.01
下厍河	S6 号	2.54	2.54	0	2.55	0.02	2.55	0.02
二顶	S7 号	2.5	2.51	0.01	2.52	0.02	2.51	0.01
竹湾石	S8 号	2.43	2.43	0	2.46	0.03	2.44	0.01
长洲尾	S9 号	2.37	2.37	0	2.37	0	2.37	0
洗马滩	S10 号	2.33	2.33	0	2.33	0	2.33	0

2)河工模型减缓水位降落措施单因素试验研究

(1)工程布置

河工模型在设计方案的基础上进行了三种因素的试验研究,一是河床展宽段布置整治丁坝,二是深槽回填,三是壅水丁坝试验。

整治丁坝方案:铁顶角至洗马滩河道展宽,且没有建丁坝,因而流速减缓,易落淤出浅;鸡笼洲也因河道展宽而易落淤出浅;因此,这几处未建丁坝的展宽段有必要采取相应的整治措施,增大流速、增强航槽冲刷。增建 10 条整治丁坝(图 4-25),以减小因航槽疏浚、炸礁引起的水位下降值,同时增大河道展宽段的流速值。各整治丁坝基本参数见表 4-8,丁坝编号从上游至下游依次为 1～10 号。

各整治丁坝基本参数(单位:m)　　表 4-8

丁坝号	坝头高程	坝尾高程	长度	丁坝号	坝头高程	坝尾高程	长度
1 号	5.4	5.9	108	6 号	5.2	5.7	250
2 号	5.4	5.9	164	7 号	5.1	5.6	255
3 号	5.3	5.8	256	8 号	5.0	5.5	243
4 号	5.3	5.8	318	9 号	4.6	5.1	173
5 号	5.2	5.7	283	10 号	4.5	5.0	215

填槽方案:结合长洲坝下河段的河床形态特征以及航线走向,拟定了近坝段四处深槽回填区域(图4-25),以减小因航槽疏浚、炸礁引起的水位下降值。各填槽工程量见表4-9。试验过程中,除分别对各深槽回填后的沿程水位进行观测外,还对1~4号深槽同时回填后的综合水位变化情况进行了量测。

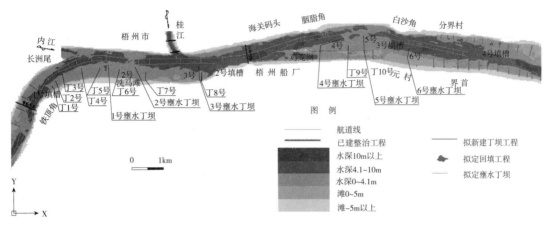

图4-25 长河段丁坝、填槽、壅水丁坝方案

各填槽工程量 表4-9

工程	1号填槽	2号填槽	3号填槽	4号填槽
所在河段	西江大桥下游	云龙大桥上游	白沙角	界首村
回填面积(m^2)	19 908	200 532	35 234	70 256
回填方量(m^3)	51 497	1 809 211	75 963	298 123
填槽高程(m)	−3.5	−4.0	−4.0	−4.0

壅水丁坝方案:结合长洲坝下河段已建工程情况、河床形态特征及航道线形走向,拟建6条壅水丁坝(图4-25),以减小因航槽疏浚、炸礁引起的水位下降值。壅水丁坝的高程较设计水位高0.15m,枯水期达到壅水的目的,中、洪水期则淹没于水下。

(2)减缓水位降落效果

丁坝方案实施后,设计流量下水位均有所变化,较设计方案提高2~5cm,主要提高在龙圩水道及洗马滩一带(1号水尺~8号水尺);填槽措施实施后,设计流量下1~4号填槽均实施后,最大水位上升值为4.0cm(11号水尺处)。但对滩头水尺基本无影响;壅水丁坝修筑前后,选择效果较好的2号与5号丁坝修建,最大水位上升值为9.0cm(7号水尺处),其沿程壅水效果基本与1~6号丁坝同时修建时相当。

3)组合方案一试验研究

(1)工程布置

在单因素试验后将各单项工程组合后进行试验研究,综合整治方案一主要在设计方案的基础上,综合整治丁坝、填槽方案,工程布置如图4-26所示。

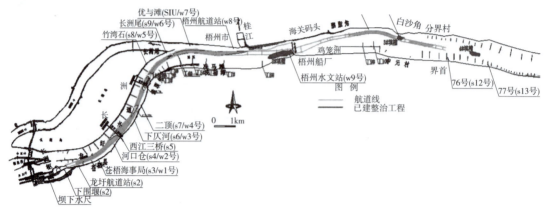

图 4-26 综合整治方案一

(2)沿程水位变化

综合整治方案一实施后,各级流量下河段沿程水位均有所变化,较设计方案抬高 2~8cm。其中设计流量时($Q=1\,090\,\text{m}^3/\text{s}$),沿程水位抬高 2~7cm;整治流量时($Q=3\,450\,\text{m}^3/\text{s}$),水位抬高 3~8cm;多年平均流量时($Q=6\,540\,\text{m}^3/\text{s}$),水位抬高 2~4cm。

(3)航道沿程流速变化

工程实施后,航道内流速较工程前有一定变化,受整治丁坝的影响,铁顶角至洗马滩一带流速增大,有利于枯水航槽的冲刷。

设计流量时($Q=1\,090\,\text{m}^3/\text{s}$),纵向流速变幅一般在 -0.10~$0.14\,\text{m/s}$ 之间,最大变化值为 $0.16\,\text{m/s}$ 左右;横向流速值变幅一般在 -0.05~$0.05\,\text{m/s}$ 之间,最大变化值为 $0.06\,\text{m/s}$ 左右。整治流量时($Q=3\,450\,\text{m}^3/\text{s}$),纵向流速变幅一般在 -0.10~$0.13\,\text{m/s}$ 之间,最大变化值为 $0.16\,\text{m/s}$ 左右;横向流速值变幅一般在 -0.03~$0.03\,\text{m/s}$ 之间,最大变化值为 $0.05\,\text{m/s}$ 左右。流量 $Q=6\,540\,\text{m}^3/\text{s}$ 时,纵向流速变幅一般在 -0.10~$0.11\,\text{m/s}$ 之间,最大变化值为 $0.14\,\text{m/s}$ 左右;横向流速值变幅一般在 -0.01~$0.01\,\text{m/s}$ 之间,最大减小值为 $0.03\,\text{m/s}$ 左右。

(4)近坝段船模航行条件

$1\,090\,\text{m}^3/\text{s}$、$3\,000\,\text{m}^3/\text{s}$ 两级流量条件下,船模均能较为顺利地上下行通过坝下航道,船模航行姿态平稳。2 000t 级船队采用 3.5m/s 航速上行时舵角基本上保持在 19°以内,漂角保持在 10°以内,采用 3.0m/s 航速下行时舵角基本上保持在 20°以内,漂角保持在 5°以内。3 000t 级单船采用 3.5m/s 航速上行时舵角基本上保持在 22°以内,漂角保持在 4°以内,采用 3.0m/s 航速下行时舵角基本上保持在 20°以内,漂角保持在 8°以内。

(5)河床冲淤与水位变化趋势

河床冲淤变化:综合整治方案一实施后,经过 2008 年水沙过程,该河段深槽、边滩的位置和范围虽然未发生很大变化,但多数河床部位已出现一定程度的冲淤变化,洗马滩附近 0m 等高线展宽 10~65m,鸡笼洲至界首附近 0m 等高线展宽 5~70m,同时新建丁坝坝头出现一定程度的冲刷坑,坝田区则出现一定程度的淤积。如图 4-27 所示。断面最大冲深在 1.2m 左右,平均冲深为 0.20~0.55m。洗马滩及鸡笼洲至界首段 -2.0m 等高线仍贯通。受右侧整治丁坝的影响,航槽流速有所增大,开挖后的航槽内发生冲刷,相应的 -2.0m 等高线宽度略有增加。

近坝段泥沙淤积分布特点:近坝段整体水工模型定床输沙试验结果显示,泥沙淤积主要发生在一二线、三四线口门区及连接段,西江三桥上下游过渡段航槽内,其余河段航道内泥沙在枯水期均得到有效冲刷。

沿程水位变化:经过2008年水沙过程后,河床进一步冲刷下切,各水位站水位也发生了相应变化,水位下降1.0~6.0cm,其中上游水位下降值较下游大。

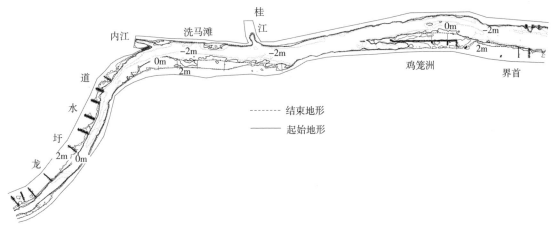

图4-27 河床冲淤变化图(综合整治方案一)

4)组合方案二试验研究

(1)工程布置

综合整治方案二主要在设计方案的基础上,综合整治丁坝、填槽方案、壅水丁坝,具体工程布置如图4-28所示。

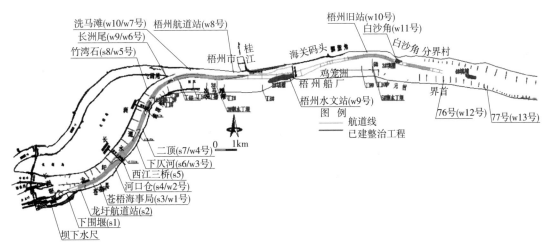

图4-28 综合整治方案二

(2)沿程水位变化

综合整治方案二实施后,各级流量下河段沿程水位均有所变化,较设计方案抬高2~12cm。其中设计流量时($Q=1\,090\,m^3/s$),水位抬高2~12cm;整治流量时($Q=3\,450\,m^3/s$),水位抬高1~9cm;多年平均流量时($Q=6\,540\,m^3/s$),水位抬高1~5cm。

(3)航道沿程流速变化

工程实施后,航道内流速较工程前有所变化,受整治丁坝的影响,铁顶角至洗马滩一带流速增大,有利于枯水航槽的冲刷。

设计流量时($Q=1\,090\,m^3/s$),纵向流速变幅一般在-0.12~$0.14\,m/s$之间,最大变化值为$0.15\,m/s$左右;横向流速变幅一般在-0.05~$0.05\,m/s$之间,最大变化值为$0.06\,m/s$左右。整治流量时($Q=3\,450\,m^3/s$),纵向流速变幅一般在-0.11~$0.13\,m/s$之间,最大变化值为$0.15\,m/s$左右;横向流速变幅一般在-0.03~$0.03\,m/s$之间,最大变化值为$0.05\,m/s$左右。流量$Q=6\,540\,m^3/s$时,纵向流速变幅一般在-0.11~$0.11\,m/s$之间,最大变化值为$0.13\,m/s$左右;横向流速变幅一般在-0.01~$0.01\,m/s$之间,最大减小值为$0.03\,m/s$左右。

(4)近坝段船模航行条件

综合整治方案二中近坝段龙圩水道的整治措施与综合整治方案一一致,即疏浚、炸礁和筑坝相结合。近坝段船模航行试验结果与综合整治方案一基本一致。

(5)河床冲淤与水位变化趋势

河床冲淤变化:经过2008年水沙过程,该河段深槽、边滩的位置和范围虽然未发生很大变化,但多数河床部位已出现一定程度的冲淤变化,洗马滩附近0m等高线展宽10~50m,同时新建丁坝坝头出现一定程度的冲刷坑,坝田区则出现一定程度的淤积(图4-29)。断面最大冲深在1.3m左右,平均冲深为0.20~0.60m。

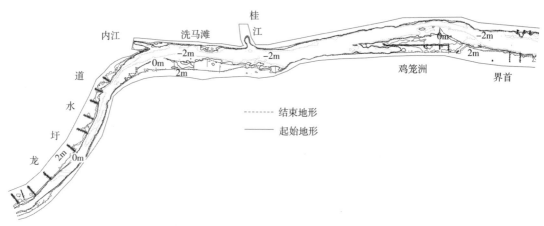

图4-29 河床冲淤变化图(综合整治方案二)

近坝段泥沙淤积分布特点:综合整治方案二中近坝段龙圩水道的整治措施与综合整治方案一一致,即疏浚、炸礁和筑坝相结合。近坝段定床输沙试验结果与综合整治方案一基本一致。

沿程水位变化:经过2008年水沙过程后,河床进一步冲刷下切,各水位站水位亦发生了相应变化,水位下降1.0~6.0cm,其中上游水位下降值较下游大。

5)组合方案减缓水位降落效果

与设计方案相比,采用综合方案一时,设计流量($Q=1\,090\,m^3/s$)时与设计方案相比仍提高0~6cm;采用综合方案二时,提高0~12cm。但对于滩头苍梧海事局水尺而言,设计方案、综合整治方案一、综合整治方案二的水位相对于工程前水位降落值差别不大,而水工模型下边界洗马滩处水位各方案因工程的影响存在一定的差别,其值分别为2.07m、2.12m、2.19m。

设计流量条件下综合方案一及设计方案枢纽近坝段下围堰处水尺降落值均为0.47m。

4.5.2 长洲枢纽至界首段减缓水位降落非工程措施研究

1)提高枢纽最小下泄流量(基于综合整治方案一)

在综合整治方案一的基础上,研究了枢纽下泄流量调节后坝下河段的水位变化规律,并得到沿程水位恢复至工程前(相应于$Q=1\,090\,m^3/s$)所对应的最小下泄流量。枢纽下泄流量调节方式为:按照现有的内、外江分流比(内江22.5%,外江77.5%),逐步增加长洲枢纽最小下泄流量,具体调节方式见表4-10。

提高枢纽最小下泄流量调节方式　　　　　表4-10

总流量(m³/s)	外江(m³/s)	内江(m³/s)
1 090	845	245
1 150	892	258
1 200	930	270
1 250	969	281
1 300	1 008	292

按照现有的内、外江分流比(内江22.5%,外江77.5%),逐步增加长洲枢纽最小下泄流量后,河段沿程水位变化见表4-11。

基于综合方案一的枢纽下泄流量增加后沿程水位变化表(单位:m)　　表4-11

水　尺		$Q=1\,090\,m^3/s$(航槽开挖前)	$Q=1\,090\,m^3/s$	$Q=1\,150\,m^3/s$	$Q=1\,200\,m^3/s$	$Q=1\,250\,m^3/s$	$Q=1\,300\,m^3/s$
苍梧海事局	w1号	3.00	2.67	2.76	2.85	2.91	2.97
河口仓	w2号	2.83	2.54	2.63	2.71	2.76	2.80
下仄河	w3号	2.65	2.41	2.50	2.57	2.62	2.65
二顶	w4号	2.57	2.35	2.43	2.49	2.54	2.58
竹湾石	w5号	2.33	2.17	2.25	2.31	2.35	2.38
长洲尾	w6号	2.29	2.16	2.23	2.29	2.32	2.36
洗马滩	w7号	2.25	2.12	2.18	2.23	2.28	2.31
梧州航道站	w8号	2.10	2.03	2.07	2.11	2.14	2.15
梧州水文站	w9号	2.05	1.99	2.03	2.06	2.09	2.10
梧州旧站	w10号	1.92	1.89	1.91	1.93	1.94	1.95
白沙角	w11号	1.82	1.83	1.83	1.84	1.85	1.86
76号	w12号	1.81	1.81	1.81	1.82	1.83	1.83
77号	w13号	1.75	1.71	1.71	1.72	1.72	1.73
78号	w14号	1.72	1.67	1.67	1.67	1.67	1.67

可见,综合整治方案一实施后,设计流量($Q=1\,090\mathrm{m}^3/\mathrm{s}$)时,水位下降幅度为5~33cm,但与设计方案相比仍提高2~6cm;下泄流量增加至$1\,150\mathrm{m}^3/\mathrm{s}$时,沿程水位则比设计方案提高了2~9cm;下泄流量增加至$1\,200\mathrm{m}^3/\mathrm{s}$时,沿程水位则比设计方案提高了4~18cm;下泄流量增加至$1\,250\mathrm{m}^3/\mathrm{s}$时,沿程水位则比设计方案提高了5~24cm,除龙圩水道内1~5号水尺外,其余水尺已基本恢复至航槽开挖前水位(相应于$Q=1\,090\mathrm{m}^3/\mathrm{s}$);下泄流量提高至$1\,300\mathrm{m}^3/\mathrm{s}$时,沿程水位则比设计方案提高了6~30cm,已基本恢复至航槽开挖前水位(相应于$Q=1\,090\mathrm{m}^3/\mathrm{s}$)。

2)增加外江分流比(基于综合整治方案二)

在综合整治方案二的基础上,研究枢纽下泄流量调节后坝下河段的水位变化规律,并得到沿程水位恢复至工程前(相应于$Q=1\,090\mathrm{m}^3/\mathrm{s}$)所对应的下泄流量及外江分流比。

枢纽下泄流量调节按如下方式进行:

(1)首先按照现有的内、外江分流比(内江22.5%,外江77.5%),逐步增加长洲枢纽最小下泄流量,得到除外江1~5号水尺外,其余水尺恢复至航槽开挖前水位(相应于$Q=1\,090\mathrm{m}^3/\mathrm{s}$)的枢纽下泄流量。

(2)通过调节长洲枢纽下泄流量的内外江流量分配比例,以提高外江1~5号水尺水位,并恢复至航槽开挖前水位(相应于$Q=1\,090\mathrm{m}^3/\mathrm{s}$)。

具体调节方式见表4-12。

枢纽下泄流量调节方式　　　　　　　　　表4-12

增加枢纽下泄流量			内、外江分流比调节		
总流量(m^3/s)	外江(m^3/s)	内江(m^3/s)	总流量(m^3/s)	外江分流比(%)	内江分流比(%)
1 090	845	245	1 180	77.5	22.5
1 150	892	258	1 180	81.8	18.2
1 180	915	265	1 180	86.0	14.0
1 200	930	270	1 180	90.8	9.2

按照现有的内、外江分流比(内江22.5%,外江77.5%),逐步增加长洲枢纽最小下泄流量后,河段沿程水位变化见表4-13。

基于综合整治方案二的枢纽下泄流量增加后沿程水位变化表(单位:m)　　表4-13

水 尺		$Q=1\,090\mathrm{m}^3/\mathrm{s}$ (航槽开前)	$Q=1\,090\mathrm{m}^3/\mathrm{s}$ (综合整治方案2)	$Q=1\,150\mathrm{m}^3/\mathrm{s}$	$Q=1\,180\mathrm{m}^3/\mathrm{s}$	$Q=1\,200\mathrm{m}^3/\mathrm{s}$
苍梧海事局	w1号	3.00	2.69	2.78	2.83	2.87
河口仓	w2号	2.83	2.57	2.66	2.70	2.74
下仄河	w3号	2.65	2.45	2.54	2.57	2.61
二顶	w4号	2.57	2.41	2.48	2.51	2.54
竹湾石	w5号	2.33	2.23	2.30	2.33	2.36
长洲尾	w6号	2.29	2.22	2.28	2.31	2.34
冼马滩	w7号	2.25	2.19	2.24	2.27	2.29

续上表

水尺		$Q=1090\text{m}^3/\text{s}$（航槽开前）	$Q=1090\text{m}^3/\text{s}$（综合整治方案2）	$Q=1150\text{m}^3/\text{s}$	$Q=1180\text{m}^3/\text{s}$	$Q=1200\text{m}^3/\text{s}$
梧州航道站	w8号	2.10	2.09	2.12	2.14	2.16
梧州水文站	w9号	2.05	2.05	2.08	2.09	2.11
梧州旧站	w10号	1.92	1.95	1.96	1.97	1.98
白沙角	w11号	1.82	1.81	1.82	1.82	1.83
76号	w12号	1.81	1.80	1.80	1.81	1.81
77号	w13号	1.75	1.71	1.71	1.72	1.72
78号	w14号	1.72	1.67	1.67	1.67	1.67

可见，综合整治方案二实施后，设计流量（$Q=1090\text{m}^3/\text{s}$）时水位下降1～31cm，但与设计方案相比仍提高2～12cm；下泄流量增加至1150m^3/s时，沿程水位则比设计方案提高了2～9cm；下泄流量增加至1180m^3/s时，沿程水位则比设计方案提高了2～12cm，除龙圩水道内1～5号水尺外，其余水尺已基本恢复至航槽开挖前水位（相应于$Q=1090\text{m}^3/\text{s}$），此时可通过调节内外江分流比，即增大外江分流比以达到增加龙圩水道沿程水位的目的；下泄流量提高至1200m^3/s时，沿程水位则比设计方案提高了2～16cm。

调节长洲枢纽下泄流量的内外江分流比后，枢纽下游河段沿程水位变化见表4-14。

外江分流比增加后沿程水位变化表（单位：m，$Q=1180\text{m}^3/\text{s}$）　　表4-14

水尺		外江分流77.5%	外江分流81.8%	外江分流86.0%	外江分流90.8%
苍梧海事局	w1号	2.83	2.88	2.93	2.99
河口仓	w2号	2.70	2.74	2.78	2.85
下仄河	w3号	2.57	2.6	2.62	2.67
二顶	w4号	2.51	2.53	2.54	2.56
竹湾石	w5号	2.33	2.35	2.36	2.37
长洲尾	w6号	2.31	2.32	2.32	2.32
冼马滩	w7号	2.27	2.28	2.28	2.28
梧州航道站	w8号	2.14	2.14	2.14	2.14
梧州水文站	w9号	2.09	2.09	2.09	2.09
梧州旧站	w10号	1.97	1.97	1.97	1.97
白沙角	w11号	1.82	1.82	1.82	1.82
76号	w12号	1.81	1.81	1.81	1.81
77号	w13号	1.72	1.72	1.73	1.73
78号	w14号	1.67	1.67	1.67	1.67

可以看出，外江分流比增大后，龙圩水道内各水尺水位均有所抬高。外江分流比增大至81.8%时，位于外江（龙圩水道）内的1～6号水尺水位较原分流比（外江77.5%）时抬高1～5cm；外江分流比增大至86.0%时，1～6号水尺水位较原分流比时抬高1～10cm；外江分流比

增大至90.8%时,1~6号水尺水位较原分流比时抬高1~16cm,此时沿程各水尺水位基本恢复至航槽开挖前水位($Q=1\,090\,\text{m}^3/\text{s}$)。除此之外,7~14号水尺水位未发生变化。

4.5.3 小结

在模型单因素试验整治丁坝、深槽回填、壅水丁坝试验的基础上,研究了组合条件下的通航水流条件及对减缓水位降落的效果。研究表明,采取常规的整治措施对减缓坝下水位降落主要集中在各工程区域局部,对于下围堰处水位降落的效果不明显,工程措施后下围堰处水位降落0.47m。

针对两滩段3 000t级航道整治工程措施方案对水位降落不明显的工程效果,提出了提高枢纽最小下泄流量、增加外江分流比的非工程措施。当枢纽下泄流量提高至1 300 m³/s时,沿程水位已基本恢复至航槽开挖前水位(相应于$Q=1\,090\,\text{m}^3/\text{s}$);当枢纽下泄流量提高至1 180 m³/s时,外江分流比由现有的77.5%增大至90.8%时,沿程水位已基本恢复至航槽开挖前水位(相应于$Q=1\,090\,\text{m}^3/\text{s}$)。

4.6 本章小结

(1)利用2010年实测资料分析枢纽下游23km河段(长洲枢纽至界首段)Ⅱ级航道整治效果。2010年实测最低通航水位低于设计最低通航水位,其中长洲枢纽船闸下引航道出口处设计最低通航水位为4.58m,但工程后实测值为3.33m,下降了1.25m;梧州水文站设计最低通航水位为3.05m,工程后实测值为2.40m,下降0.65m。同时沿程存在多处不能满足3.5m的设计水深要求。

(2)日调节、压咸调度典型过程计算表明:坝下三滩河段为水位变化的分界区,水力因素变化最小,三滩上游河段水位变化主要受枢纽调节非恒定流影响,水位变化幅度沿程逐渐减小;三滩下游河段主要受潮汐过程影响,水位变化幅度沿程逐渐增大。研究了近坝段航道沿程设计最低通航水位。

(3)长洲枢纽运行后,对航运的主要影响是枯水位下降、一二线船闸下引航道航深不足,一二线船闸通过能力降低。坝下河段枯水水位呈非线性下降,目前枢纽清水下泄引起的水位下降趋势趋缓,人工采沙和航道整治等人类活动对坝下水位影响突出。在长洲枢纽建成前,受河床演变和人工挖沙影响,梧州水文站年水位降幅约为0.05m;长洲枢纽建成后,受清水下泄、采沙和航道疏浚的影响,梧州水文站年水位降幅在0.2~0.5m之间;梧州水文站设计水位由枢纽运行前的3.20m,至2007年水位降为2.65m,至2012年水位降为1.90m,枢纽运行后水位下降了1.3m左右。

(4)利用数学模型和物理模型分析了水位下降及挖沙对近坝段设计水位的影响程度。长洲枢纽至界首段挖沙主要影响近坝段水位降落,而对梧州水文站的影响相对较小;界首至罗旁段挖沙主要影响梧州水文站水位降落,但对坝下水位影响不大;罗旁至肇庆河段挖沙对近坝段及梧州水文站水位降落影响不明显。

(5)模型试验表明,长洲枢纽坝下60km河段3 000t级航道整治方案实施后,航道尺度及通航水流条件均满足要求;3 000t级航道整治引起三滩滩头水位最大降幅0.05m左右,梧州水文站水位降低 0.09m,坝下 1.5km 处水位降落 0.47m。动床模型试验表明,整治工程实施一年后,航道尺度仍满足 3 000t 级航道要求,即通过航道整治可以达到 3 000t 级航道标准。

(6)整治丁坝、深槽回填、壅水丁坝等常规工程措施壅水作用有限,只能部分抵消航槽开挖而引起的水位降落,但很难大幅度抬高河段枯水位,从而彻底解决长洲枢纽坝下沿程枯水位下降的问题。长洲枢纽至界首河段两个组合整治方案实施后,经过 2008 年水沙过程,河段河床深槽、边滩的位置和范围虽然未发生很大变化,断面平均冲深为 0.20～0.60m,设计流量下水位下降 1.0～7.0cm,航槽较稳定。近坝段定床输沙试验结果显示:泥沙淤积主要发生在一二线、三四线口门区及连接段和西江三桥上下游过渡段航槽内,其余河段航道内泥沙在枯水期均得到有效冲刷。

(7)采用枢纽调节、提高内外江分流比等非工程措施时,综合整治方案一条件下,当枢纽下泄流量提高至 1 300m³/s 时,沿程水位已基本恢复至工程前水位(相应于 $Q=1\,090$m³/s);综合整治方案二时,当枢纽下泄流量提高至 1 180m³/s 时,外江分流比由现有的 77.5% 增大至 90.8% 时,沿程水位已基本恢复至工程前水位。

(8)长洲枢纽坝下河段 3 000t 级航道整治是可行的,通过整治可以达到 4.1m×90m×670m(航深×航宽×弯曲半径)的航道要求。长洲三线四线船闸建设完成后,在设计流量下因下引航道开挖引起的水位降落值为 0.17m(下围堰 65 号水尺处),相应水位为 3.08m;按 3 000t 级航道尺度整治坝下航道后,在设计流量下水位降落约 0.64m,相应水位为 2.61m,3 000t 级航道整治不影响长洲三线四线船闸运行。3 000t 级航道实施后,对一线二线船闸目前的通航保证率有所影响。

5 百色枢纽升船机中间渠道通航关键技术研究

右江是珠江水系郁江的上段,与左江在南宁市西郊宋村汇合后称为郁江。目前已建成百色水利枢纽,那吉航运枢纽、鱼梁航运枢纽、金鸡枢纽、南宁老口航运枢纽正在建设。随着五大枢纽的建成,可使右江百色至南宁全线渠化,提高到航道Ⅲ级标准。目前那吉以下枢纽均建有通航设施,百色枢纽为右江渠化工程中最为重要的通航枢纽之一,通航设施还未建成,制约了右江航运的发展,因此迫切需要开展百色枢纽通航设施的建设,打通云南出海的水运通道。

右江枢纽通航设施由两级升船机和一段中间渠道组成,选择右江左岸那禄沟为中间渠道。由于那禄沟河道弯曲、狭窄,因此,如何确定那禄沟断面尺度、如何消除中间渠道内的波浪是需要解决的关键问题。百色升船机上游引航道与枢纽同期建设,下游引航道还未建设,由于船闸下引航道所处河段地形复杂,可供选择的位置有限,如何确定合理的工程布置也是需要解决的重要问题。

本章通过百色枢纽升船机中间渠道物理模型试验和升船机下游引航道口门区通航水流条件三维数值模拟,研究了中间渠道的航行条件和水位波动对航行的影响,提出了百色枢纽升船机中间渠道的合理尺度要求和中间渠道内设计船型安全航行条件,包括安全行驶和会让的速度、会让的方式等,为百色枢纽升船机中间渠道的设计和制定百色升船机中间渠道安全运行管理规定提供依据。同时,较为系统地总结了国内外相关研究成果,研究分析不同尺度的中间渠道(如窄深型与宽浅型中间渠道)的水力特性及其通航条件,找出各因素之间的关系和规律,提出中间渠道合理尺度的确定原则,为今后的类似工程提供参考和借鉴。数模研究结果提出的下引航道口门区通航条件改善措施也为工程的实施提供了参考。

5.1 研究手段

本项目采用定床物理模型、遥控自航船模、牵引船模和三维水流数学模型相结合的研究手段开展相关研究工作,模型设计如下。

5.1.1 定床物理模型

根据研究内容,结合试验场地和供水等条件,按重力相似准则,将中间渠道模型设计为定床正态,比尺选定为1∶40。模型全长约70m,模拟了第一级升船机下引航道、中间渠道(及那禄沟低洼地)、通航渡槽和第二级承船厢,工程布置如图5-1所示。渠道底高程用水准仪精确控制,误差≤±1.0mm。模型选择刨光瓷砖制作,其糙率 $n=0.007\sim0.009$,原体渠道为混凝土建造,糙率为0.013,$n_m = n_p/(\lambda_L)^{1/6} = 0.00703$。故可以认为模型糙率基本相似。

5 百色枢纽升船机中间渠道通航关键技术研究

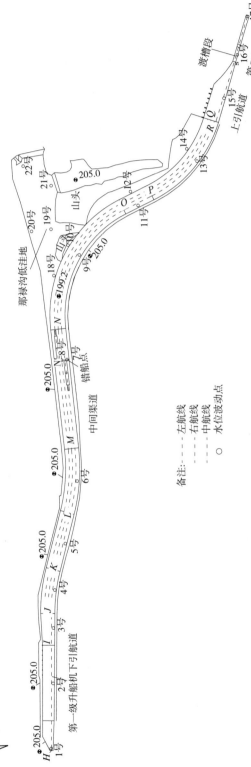

图5-1 百色中间渠道模型布置图

5.1.2 船模

试验船型包括 2×500t 船队和 1 000t 单船。船模比尺与物模比尺相同,均为 40,见表 5-1。2×500t 船队的驳船模型用 0.3~1cm 厚塑料板制作,推轮模型采用玻璃钢制作,1 000t 单船模型用红松木材制作。船模按实船的型线图制作完成后,经过加固、打磨、刷漆等工艺,制作出满足外形尺度、强度等要求的船体。

试验船型实船与船模主要技术参数　　　　　表 5-1

船型或船队		总长 L(m)	水线长 L_1(m)	型宽 B(m)	吃水 T(m)
实船	推轮	22.75	21.50	5.00	0.93
	500t 驳船	47.50	45.00	10.80	2.00
	1+2×500t 船队	111	—	10.80	2.00
	1 000t 单船	67.50	65.20	10.80	2.40
船模	推轮	0.56	0.53	0.125	0.023
	500t 驳船	1.187	1.125	0.27	0.05
	1+2×500t 船队	2.775	—	0.27	0.05
	1 000t 单船	1.687	1.632	0.27	0.06

螺旋桨和舵加工完后,按照实船总体布置图、舵系图和桨系图进行安装,驳船和推轮采用固连接。依照《内河航道与港口水流泥沙模拟技术规程》(JTJ/T 232—1998)的要求,船模制作时主要严格控制船体主甲板以下部分尺寸的精确度,对上层结构则进行了简化。

船模进行了精心配载,使船模与实船在静水中的排水量、吃水达到相似要求;试验率定了船模对岸航速及其直航性,船模照片如图 5-2 所示。

图 5-2　船模照片

5.1.3 三维水流数学模型

三维水流模型平面采用四边形网格,垂向采用分层网格,为保证研究区域计算精度,网格最小尺度为 3m,其他区域通过逐渐过渡方式加大网格尺度,最大网格尺度 10m。整个平面范围内网格节点 39 690 个,单元 39 160 个,垂向分为 5 层。模型计算范围上游自东笋电站起,下游至那达滩为止,研究河段总长度为 4km。模型计算域示意图如图 5-3 所示。

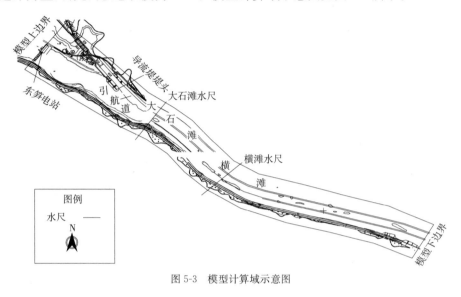

图 5-3 模型计算域示意图

5.2 百色升船机中间渠道船舶航行条件研究

5.2.1 升船机通过能力及中间渠道航速计算分析

百色二级升船机方案第一级最大提升高度 25.2m,提升速度 9m/min;第二级升船机提升高度 88.8m,提升速度 15m/min。对设计方案第一、二级升船机的过船时间和通过能力进行了估算,得到船舶过闸时间见表 5-2,枢纽通航建筑物年双向通过能力为 914×10^4 t,单向通过能力为 457×10^4 t。

第一、二级升船机上下行单向、双向过闸时间(单位:min)　　　表 5-2

通行方向	第一级升船机	第二级升船机	单向过闸时间	双向过闸时间
下行	26.44	27.52	26.98	54.10
上行	26.56	27.69	27.12	

为了满足通过能力,不产生升船机等船的情况,船舶在中间渠道中的航行时间应不大于船舶通过一、二级升船机中的最小时间 26.44min。

设船舶在中间渠道中的航速在 1.0～3.0m/s 之间,中间渠道总长 2 219.8m,则计算得到不同航速条件下船舶在中间渠道中的航行时间见表 5-3。从表 5-3 可知,当船舶在中间渠道航速小于1.4m/s时,就会影响升船机的运行,继而影响通过能力,因此建议中间渠道中的船舶航速不宜小于1.5m/s。渠道中的试验航速取1.5～3.0m/s。

船舶在中间渠到中航速与航行时间的关系　　　　表5-3

航速(m/s)	1.0	1.4	1.5	2.0	2.5	3.0
航行时间(min)	37.0	26.44	24.7	18.5	14.8	12.3

5.2.2 船行波

不同航速条件下,单船舶(队)航行时中间渠道、承船厢、渡槽内的特征水位波动值见表5-4,双船舶(队)会船航行时中间渠道、承船厢、渡槽内的特征水位波动值见表5-5。渠道内水位波动过程线见图5-4。

单船舶(队)航行时中间渠道、承船厢、渡槽内的特征水位波动值(单位:cm)　　表5-4

航速(m/s)	中间渠道最大水位降低	中间渠道最大波高	渡槽内最大水位壅高	承船厢内最大水位降低	承船厢内最大水位壅高
1.5	−7.11	13.59	7.33	−12.69	10.88
2.0	−15.64	22.20	9.93	−16.11	13.59
2.5	−28.94	37.94	14.71	−22.91	21.44
3.0	−39.68	48.57	21.69	−30.87	28.28

双船舶(队)会船航行时中间渠道、承船厢、渡槽内的特征水位波动值(单位:cm)　　表5-5

航速(m/s)	中间渠道最大水位降低	中间渠道最大波高	渡槽内最大水位壅高	承船厢内最大水位降低	承船厢内最大水位壅高
1.5	−7.92	15.57	9.60	−13.13	11.27
2.0	−15.75	25.20	12.00	−17.55	16.38
2.5	−38.25	49.30	15.60	−26.84	23.58
3.0	−52.33	64.48	23.80	−32.75	29.33

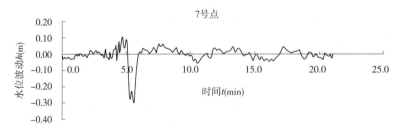

图5-4　水位波动线(单船,边航线)

航行试验结果表明:

(1)航速增大,船行波波高增大,航速是影响船行波的主要因素;相同航速下,错船航行产生的水位波动要大于单船航行;对于渠道内的船行波,船舶沿中线航行时的船行波略小于沿边线航行船行波,主要原因是边航线离岸边(测点)距离更近。

(2)500t 船队的船行波与 1 000t 单船的船行波相差不大;由于渠道的断面系数较大,船行波总体不大,试验航速下,两种船型均未出现横波现象,渠道周边溪沟对消波有一定作用,但效果并不十分明显。

(3)各航速下,渡槽内的最大水位壅高值均小于 50cm,满足渡槽结构设计要求。如升船机承船厢的最大误载水深为 0.15m,则当航速≥2.0m/s 时,承船厢内水位最大壅高已超过 0.15m,会对升船机运行产生一定影响,应采取适当排水措施加以解决。

5.2.3 船舶下沉量试验

不同航速单船、错船航行条件下的船舶(队)的下沉量见表 5-6 和图 5-5。

(1)航速增大,船舶航行下沉量也增大,其中船尾下沉量要大于船首,单船下沉量大于船队下沉量;

(2)船队错船航行时,由于错船时断面系数突然减小,船体的下沉量增大。因此当以等航速错船时,交错航行条件时的船舶艉下沉量是确定渠道水深的控制条件;

(3)从表 5-6 的最大下沉量可以看出,1 000t 级船舶即使以 3.0m/s 的航速航行及会船,也有 64.8cm 的富余水深,船体不会碰到渠道底。

各条件下船舶在中间渠道内行驶最大下沉值(单位:cm)　　　　　表 5-6

平均航速 (m/s)	1 000t 单船航行		1 顶 2×500t 船队航行		1 000t 单船与 1 顶 2×500t 船队错船航行	
	船首	船尾	船首	船尾	船首	船尾
1.5	6.5	7.2	6.3	6.9	6.8	9.7
2.0	11.5	15.9	10.8	13.8	12.9	20.9
2.5	25.4	30.2	27.1	28.8	31.1	39.4
3.0	34.8	43.2	34.2	41.1	45.8	55.2

注:单船航行时的航线为右航线,错船航行时的下沉量为 1 000t 级船舶下沉量。

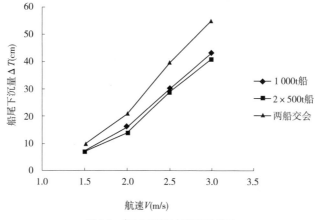

图 5-5　船尾下沉量与航速的关系

5.2.4 回流流速试验

回流流速进行了单船边、中航线航行与两船交会航行试验,流速测点布置在 MN 直线交会处,平面位置为船与岸之间或船与船之间的中点处(图 5-6),垂向为 0.6 倍水深处,回流流速测量结果见表 5-7。

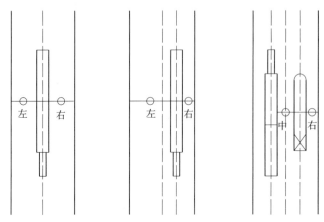

图 5-6 回流流速测点位置

各种条件下的回流流速情况(单位:m/s) 表 5-7

工况	回流位置	船舶在中间渠道的平均航速(m/s)			
		1.5	2.0	2.5	3.0
1 000t 单船航行中航线	右侧	0.12	0.18	0.25	0.32
	左侧	—	—	—	—
1 000t 单船航行右航线	右侧	0.18	0.24	0.30	0.35
	左侧	0.11	0.20	0.26	0.30
1 顶 2×500t 船队航行中航线	右侧	0.12	0.18	0.24	0.31
	左侧	—	—	—	—
1 顶 2×500t 船队航行右航线	右侧	0.17	0.23	0.30	0.36
	左侧	0.12	0.20	0.25	0.31
两条船错船	中间	0.09	0.13	0.15	0.19
	右侧	0.11	0.20	0.25	0.28

试验结果见表 5-8,研究表明:

(1)当船队偏离中线航行时,通常过水断面小的一侧的回流流速要大于另一侧,试验中当单船左航线航行时,船体左侧回流速度通常要大于右侧回流速度,而单船沿中航线航行时,两侧回流速度基本相同;

(2)两船对开错船时,错船瞬间两侧的回流速度要小于不错船时的回流速度,主要原因是受两船对驶时产生各自相反的流速影响,尤其是船与船之间的回流速度很小;

(3)回流速度的大小与航速有关,航速越大,回流流速越大;但由于渠道较宽,渠道内的回流流速总体不大,对航行基本无影响。

各种条件下的回流流速情况(单位:m/s) 表 5-8

工况	回流位置	船舶在中间渠道的平均航速(m/s)			
		1.5	2.0	2.5	3.0
1 000t 单船航行中航线	右侧	0.12	0.18	0.25	0.32
	左侧	—	—	—	—
1 000t 单船航行右航线	右侧	0.18	0.24	0.30	0.35
	左侧	0.11	0.20	0.26	0.30
1 顶 2×500t 船队航行中航线	右侧	0.12	0.18	0.24	0.31
	左侧	—	—	—	—
1 顶 2×500t 船队航行右航线	右侧	0.17	0.23	0.30	0.36
	左侧	0.12	0.20	0.25	0.31
两条船错船	中间	0.09	0.13	0.15	0.19
	右侧	0.11	0.20	0.25	0.28

5.2.5 阻力试验

为了更好地确定船舶在中间渠道中合理的航速,对 2×500t 船队和 1 000t 船进行了单船中航线航行的阻力测量试验,试验在渠道的直线段 MN 段进行。试验采用牵引的方法,其中无极绳与放置在船模的重心位置上的力传感器连接,用直流力矩测速机调节电机转速以达到所要求的船模速度。为消除船模阻力试验时层流边界层的影响,使船模四周的流态与原型相似,即均为紊流,通常采用沿船模外表横剖面从艏柱开始布置 1 根以上激流丝的措施,本次试验在艏柱后 0.05 倍驳船长度处装直径为 1.7mm 的激流丝。

船舶航行阻力与航速关系见表 5-9 和图 5-7,试验结果表明:

(1)随着航速的增加,船(舶)队航行阻力呈加速增大趋势;

(2)单从航行阻力的变化情况来衡量合理航速时,当航速≥2.5m/s 时,阻力增幅明显加大,因此中间渠道内的航行速度应<2.5m/s 较为合适。

不同航速情况下 1 000t 和 2×500t 驳船的航行阻力(单位:kN) 表 5-9

船型	船队在中间渠道的平均航速(m/s)			
	1.5	2.0	2.5	3.0
2×500t 驳船	32.00	48.00	78.72	92.80
1 000t 驳船	38.40	57.60	89.60	104.32

5.2.6 船舶(队)航态试验

1)单向航行船舶(队)在渠道中的航态

船舶(队)在中间渠道单向航行,当航速为 1.5~2.5m/s 时,船舶(队)沿边(中)航线航行稳定,在直线段的航行漂角为 1°~2°;当航速为 3.0m/s 时,渠道的狭道效应开始起作用,船舶

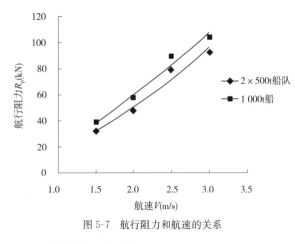

图 5-7　航行阻力和航速的关系

(队)沿边航线航行,船舷两侧的回流、水位波动与岸壁反射对船舶(队)航态产生一定影响,通过操舵,船舶(队)能基本沿航线行走,直线段漂角为 1°～3°。

2)直线段会船航态试验

会船试验测量了下行船舶(队)的漂角(θ)、航迹带宽、舵角以及两船交会时的舷岸距和会船间距。会船试验航速分别为 1.5m/s、2.0m/s、2.5m/s、3.0m/s,试验内容包括不同航线上下行的等速会让。

(1)错船位置的选定

错船段应设置在渠道的直线段,并基本在渠道中间,因此错船段应设在 MN 直线段上,离 N 点 116m,约 1.045 倍船长的位置,即如图 5-1 中的 N' 点,此时船舶下行的距离为:第一级升船机上闸首～N' 距离 1 434.8m,船舶上行的距离为:N'～第二级升船机上闸首前的距离 1 434.8m,两者距离基本相当。

(2)会船航线试验

①下行走左航线、上行走右航线:虽然会船段前存在 LM 微弯段和 NO 转弯段,但会船前上下行的航线均处在弯段的凸侧,不存在船艉扫岸壁的可能性,进入直线段 MN 交会后,上、下行船舶适当靠中航线航行,也不存在经过转弯段时船尾扫岸壁,整个会船较为顺利。

②下行走右航线、上行走左航线:由于会船段前存在 LM 微弯段和 NO 转弯段,且会船前上下行的航线均处在弯段的凹侧,容易使船舶转弯时的船尾扫岸壁,给驾驶员一定的心理压力,但由于百色中间渠道较宽,船舶在会船前的转弯段时,适当靠中航线航行,也均能安全会船。

③两个船舶(队)以试验航速等速会船时,基本不存在船体被岸吸的现象;交会时的航行漂角也不大,航速为 1.5～2.5m/s 时,船舶在直线段交会时的航行漂角能控制在 1°～2°之内,下行船舶的最大舵角为 17.5°,最大航迹带宽度 14.9m,两船最小间距 8.5m,船舷最小岸距 7.5m;当航速为 3.0m/s 时,船舶在直线段交会时的航行漂角最大为 3°,下行船舶的最大舵角为 16.9°,最大航迹带宽度 16.5m,两船最小间距 7.0m,船舷最小岸距 7.3m。

综合比较,百色中间渠道交会时的航线设定宜采用上行走右航线、下行走左航线的方式,从会船航态试验看,船舶能在直线段安全会船。

5.2.7　百色中间渠道航速的选取

综合满足枢纽通过能力的航速要求分析,以及船舶以不同航速在中间渠道内航行时的船行波、航行下沉量、船周回流、航行阻力和航态试验,建议百色中间渠道内的船舶航速取 2.0～2.5m/s,航速过低,舵效降低,也不利于节能减排。

5.2.8 百色中间渠道合理尺度的分析

在确定百色中间渠道的合理尺度时,应考虑以下要求:
(1)渠道应有足够的水深保证船舶良好的操纵性及防止擦底;
(2)渠道应有足够的宽度满足船舶安全会船;
(3)船舶应达到的合理航速使航运成本降低,其中结合航行阻力、航道宽度、航道水深,及断面系数和航道水深与船舶吃水比统一标准分析;
(4)满足升船机的设计通过能力要求;
(5)中间渠道中的通航渡槽尺度不应太大,以免工程量太大而不经济。

目前百色中间渠道通航1 000t级船,其尺度是按现行有关限制性航道尺度的标准和规范来设计,分别满足《内河通航标准》(GB 50139—2014)、《船闸总体设计规范》(JTJ 305—2001)、《运河通航标准》(JTS 180-2—2011)的要求。

根据百色中间渠道的特点,由于其长度较长,加上引航道的长度近3km,建议船舶航速为2.0~2.5m/s,且渠道内弯道较多,航行条件达到内河通航标准中限制性航道航行条件,目前设计的渠道尺度基本符合现有设计代表船型的航行要求。

5.2.9 小结

百色中间渠道弯道较多,且其长度较长,加上引航道的长度近3km,第二级升船机的最大提升高度为88.8m,计算分析表明,为保障升船机的通过能力,中间渠道中的船舶航速不应小于1.5m/s,综合船舶以不同航速在中间渠道内航行时的船行波、航行下沉量、船周回流、航行阻力和航态试验,建议百色中间渠道内的船舶航速取2.0~2.5m/s。此时渠道内的船舶航行条件符合相关要求,故目前设计的渠道尺度按现行有关限制性航道尺度的标准和规范来设计是合理的,不宜变小。为确保船舶在渠道内安全交会,百色中间渠道船舶交会应设在MN直线段,航线设定宜采用上行走右航线、下行走左航线的方式。

5.3 中间渠道经济断面尺度研究

中间渠道根据断面形态可分为宽浅型和窄深型,一般采用明渠开挖方式,也可利用天然沟槽。其中龙滩和构皮滩升船机中间渠道采用明渠开挖方式,百色升船机中间渠道利用了天然沟槽。针对窄深型与宽浅型等不同渠道断面尺度,结合龙滩、构皮滩升船机中间渠道等工程,以及其他限制性航道尺度与通航条件的研究成果,总结分析了影响中间渠道通航条件的因素,找出各因素之间的关系和规律,提出中间渠道合理尺度的确定原则,为今后的类似工程提供参考和借鉴。

(1)从百色、龙滩和构皮滩三个枢纽工程来看,中间渠道的通航方式首先与具体工程地形、地质及工程造价等有关,根据具体工程条件可选择双向通航渠道或单向通航渠道或单向通航渠道中设双向错船段的方式,确定好中间渠道的通航方式后,渠道的尺度主要受船行波、航速、会让方式、航行阻力、升船机通过能力、船舶操纵性能等因素影响,其中航速和会让方式是主要因素。

(2) 影响船行波的因素很多,有船型、航速、水深、航道尺度和断面形状以及航线到岸线的距离等,航速是影响船行波最突出的因素。

(3) 在中间渠道中航行的船舶(队)会产生船周回流和船体下沉。在浅水或限制性航道航行的船舶(队),船体下沉和纵倾变化将大于深水或宽阔水域,故航行阻力也增大。

(4) 在中间渠道,两个船舶(队)均以航速 1.0m/s 会船时的相互影响很小;当航速≥1.5m/s,相互影响增大,表现为在船首偏向中心线,船尾偏向岸,船吸现象不明显,而易产生船尾岸吸;当断面系数 $n<6$ 时,两个船舶(队)会船时的相互影响就明显,当富余宽度较小时,船尾易扫岸壁;当航速增加使船尾产生横波时,会船就非常危险,应予避免。相同底宽的矩形和梯形(边坡 1:1)渠道,船舶(队)会船航行漂角的试验值基本相同。

5.4 中间渠道双线航行的参考尺度及其确定原则研究

中间渠道通航的船型为天然和渠化河流上的船型,天然和渠化河流的船型比限制性航道船型较宽浅些,而后者窄深些,目前升船机涉及的中间渠道一般不超过Ⅳ航道。为此,本研究主要针对Ⅳ航道和 500t 船的尺度进行分析研究。

5.4.1 中间渠道尺度分析

1) 宽度分析

在《内河通航标准》(GB 50139—2014)附录 A 中,对天然和渠化河流航道给出了宽度计算公式,对双线航道宽度,当上行下行船舶(队)为同一尺度时,公式可简化成下式:

$$B_2 = 2B_F + 2d + C \tag{5-1}$$

$$B_F = B_s + L\sin\beta \tag{5-2}$$

式中:B_2——直线段双线航道宽度(m);

B_F——船舶(队)航迹带宽度(m);

B_s——船舶(队)宽度(m);

L——船舶(队)长度(m);

d——船舶(队)至航道边缘的安全距离;

C——船舶(队)会船时安全距离;

β——船舶(队)航行漂角,对于 1~5 级航道取 3°,6~7 级航道取 2°。

《内河通航标准》(GB 50139—2014)没有给出限制性航道尺度的计算公式,但给出了强制性条文 3.0.3 条和表 3.0.3,并在 3.0.5 条中对断面系数给予规定。比较Ⅲ级航道,相同的船队尺度条件下(160m×10.8m×2.0m),限制性航道和天然及渠化河流航道的宽度分别为 45m 和 60m,前者比后者小了 25%。主要原因是限制性航道中水流条件较好,且航速较低,会让时的航行条件较好,因此如用式(5-1)、式(5-2)来计算限制性航道,航行漂角和安全距离应适当减小。对于中间渠道这种特殊限制性航道,其距离和航速又小于标准中的限制性航道,因此在选取航行漂角和安全距离时,还可取小值。

根据以上各项试验结果,将式(5-1)、式(5-2)中计算参数加以修正用来计算表 5-10 中 B 类中间渠道的宽度,对于Ⅳ级航道漂角取 1.5°,安全距离 d 取 0.17 倍船舶(队)的航迹带宽度,安全距离 C 取 0.34 倍的航迹带宽度,得到Ⅳ级中间渠道 1 顶 1 驳或货轮的渠宽应 $\geqslant 34 \mathrm{m}$。

2) 水深分析

在内河通航标准附录 A 中,天然和渠化河流航道水深按下式计算:

$$H = T + \Delta H \tag{5-3}$$

式中: H ——航道水深(m);
   T ——船舶吃水(m);
   ΔH ——富余水深(m)。

影响富余水深的因素有:船舶航行下沉量;波浪引起的船舶摇荡;航道淤积;风吹造成的水面下降(宽广水域);船舶编队引起的吃水增(减)值;施工预留超深;触底安全富余量。对于天然及渠化河流,航道富余水深着重考虑船舶航行下沉量 ΔH_1 及触底安全富余量 ΔH_2 两项。对于中间渠道,还需加上通航建筑物运行时(如船闸灌泄水)所引起的水深变化 ΔH_3,如果船舶航行速度较大时,还应考虑船行波引起的水面波动 ΔH_4。因此富余水深可用下式计算:

$$\Delta H = \Delta H_1 + \Delta H_2 + \Delta H_3 + \Delta H_4 \tag{5-4}$$

(1) 船舶(队)航行下沉量 ΔH_1

根据试验结果,500t 船队在双线渠道宽 36m,水深 2.2m 条件下,以 1.5m/s 航速等速会让,最大下沉量 $\Delta H_1 = 0.28 \mathrm{m}$;300t 船队双线渠道宽 32m,水深 1.8m 条件下,以 1.5m/s 航速等速会让,最大下沉量 $\Delta H_1 = 0.25 \mathrm{m}$。

(2) 触底安全富余量 ΔH_2

根据乔文荃在苏南运河船行波试验研究中的发现,考虑卵石和岩石质河床,对于Ⅳ～Ⅴ级航道取 $\Delta H_2 = 0.25 \sim 0.35 \mathrm{m}$。考虑到在水深计算时已计入了下沉量,故触底安全富余量可取下限,对Ⅳ～Ⅴ级航道取 $\Delta H_2 = 0.25 \mathrm{m}$。

(3) 通航建筑物运行对水深的影响 ΔH_3

对于船厢不入水的升船机设中间渠道方案,可不考虑该项影响因素,即 $\Delta H_3 = 0$。

(4) 船行波的影响 ΔH_4

船行波引起的水面波动主要与船的航速有关,并可用下式计算:

$$\Delta H_4 = 0.3 H' - \Delta H_2 \tag{5-5}$$

式中: H' ——最大波高。

当式(5-5)计算得出的 ΔH_4 为负值时,则取 $\Delta H_4 = 0$,此时表明航速较小时,产生的船行波也小时,可不考虑该因素。对于表 5-10 中Ⅳ和Ⅴ级 B 类渠道,当航速 $\leqslant 1.5 \mathrm{m/s}$ 时,计算出为 ΔH_4 负值,故可取 $\Delta H_4 = 0$。

综上分析,计算得到Ⅳ中间渠道的水深 2.13m。

3) 断面系数

对于限制性航道,其尺度的确定除满足船舶航行所需要平面尺度外,还需要考虑航行阻力,因此需确定断面系数,断面系数依确定渠道的宽度水深计算得出。

5.4.2 中间渠道双线航行的参考尺度

经以上分析,并结合国内外有关限制性航道通航条件的科研成果和工程经验,提出中间渠道 A、B、C 三类的参考尺度(为最小尺度要求),见表 5-10。

中间渠道参考尺度　　　　　　　　表 5-10

类别	航速 V (m/s)	中间渠道最小尺度要求		Ⅳ级渠道参考底宽和水深		渠道长度 L (m)
		断面系数 n	水深吃水比 H/T	直线段双线底宽 B(m)	水深 H (m)	
A	1.5<V≤3.5	≥6	≥1.56	40	2.5	一般≥2 000
B	≤1.5	≥4.5	≥1.38	36	2.2	一般 700~2 000
C	≤1.0	≥3.6	≥1.38	28	2.2	一般≤700

5.4.3 确定中间渠道尺度的原则

(1)根据具体工程条件选择中间渠道的通航方式,如双向通航或单向通航或单向通航渠道中设双向错船段的方式。

(2)升船机中间渠道的尺度应确保船舶的航行安全和满足通过能力的要求,同时要经济、合理。

(3)中间渠道尺度的确定,应综合考虑航速、水深、船行波、航行阻力、船舶下沉以及航行漂角等因素,应使船舶达到合理的航速,降低航运成本。

(4)对于双向中间渠道尺度,根据不同航速,分 A、B、C 三类来确定尺度。对于 A 类,断面系数 n 应不小于 6,水深吃水比应不小于 1.5;对于 B 类,断面系数 n 应不小于 4.5,水深吃水比应不小于 1.38;对于 C 类,断面系数 n 应不小于 3.6,水深吃水比应不小于 1.38。

(5)对于单向中间渠道尺度,船舶航速应小于 1.5m/s,渠道断面系数应为 4 左右。

(6)中间渠道尺度的确定,应结合工程地形、地貌综合考虑,并与之相适应;当渠道最小尺度不能满足(4)、(5)点要求时,应进行科学论证。

5.5 百色枢纽升船机下游引航道口门区通航水流条件问题研究

百色枢纽所处河段属山区河流,百色枢纽升船机上游引航道与枢纽同期建设,下游引航道还未建设。升船机下游引航道所处河段地形复杂,可供选择的位置有限,影响船舶航行的不但有表面水流流态,还有垂向流速分布问题,如何确定合理的工程布置也是需要解决的重要问题。为此,采用三维水流数学模型的研究方法,对百色枢纽下游引航道口门区通航水流条件开展模拟研究,分析设计方案通航水流条件,并通过系列优化试验提出改善百色水利枢纽下游引航道口门区通航水流条件工程布置方案。

5.5.1 设计方案试验

百色枢纽升船机中间渠道下游引航道设计方案根据中水珠江规划勘测设计有限公司编制的《广西百色水利枢纽过船设施工程可行性研究报告》(2011 年 8 月)布置,下游引航道位于河道左侧,以导流堤与主流相隔。

试验选取 800m³/s、1 170m³/s、1 350m³/s、2 670m³/s 和 3 450m³/s 共 5 级流量进行计算。主要计算内容包括口门区航道内横向流速、纵向流速和回流流速。

试验结果表明:随着流量的增大,下游口门区航道和连接段航道内流速也随之增大,当流量为 3 450m³/s 时,流速达到最大。同流量条件下,下游口门区航道内纵向流速略小于连接段航道内流速,但横向流速明显偏大。设计方案下游口门区航道中线横向流速在 0.57~0.71m/s 之间,超出规范规定的 0.3m/s 的限制要求;回流流速在 0.24~0.42m/s 之间。

研究结果表明,设计方案下口门区及连接段航道内最大纵向流速、最大横向流速均大于规范规定的最大流速限值,口门区及连接段通航水流条件不能满足规范的要求。

5.5.2 修改方案试验

设计方案主要存在下游口门区横向流速和纵向流速偏大问题。为解决该问题,采用下延导堤、布置导流墩、切除凸嘴等工程措施对百色枢纽下游引航道设计方案工程布置进行优化。为此,选用不利代表流量开展了 3 组修改试验,研究结果见表 5-11。

下游口门区通航水流条件修改方案工程效果一览表　　　　表 5-11

方案编号	方案布置	工程效果	方案评价
修改方案一	在设计方案的基础上,导流堤延长100m,堤顶高程仍为121.59m	口门区及连接段航道内的纵向流速、回流流速和横向流速有所减小,纵向流速和回流流速满足规范对其限值的要求,口门区的横向流速仍然大于规范规定最大流速限值,不能满足规范的要求	方案实施后,口门区及连接段内航行条件较差
修改方案二	在设计方案的基础上,增设 4 个导流墩,导流墩高程为121.59m	口门区及连接段航道内的纵向流速、回流流速和横向流速有所减小,纵向流速和回流流速满足规范对其限值的要求,但是,口门区的横向流速仍然大于规范规定最大流速限值,不能满足规范的要求	方案实施后,口门区及连接段内航行条件仍较差
修改方案三	在设计方案的基础上,增设 4 个导流墩,导流墩高程为121.59m,并对口门下游350m处的边滩进行切滩,切滩至高程111.2m	口门区及连接段航道内最大纵向流速、最大横向流速和最大回流流速有所减小,均小于规范规定的最大流速限值,口门区及连接段通航水流条件满足规范的要求	方案实施后,口门区水面最大流速满足规范对其限值的要求,航行条件较好

研究结果表明:

(1)修改方案一和修改方案二实施后,口门区及连接段航道内的纵向流速、回流流速和横向流速有所减小,纵向流速和回流流速满足规范的要求,口门区的横向流速仍然大于规范规定的最大流速限值,不能满足规范的要求,航行条件较差;

(2)修改方案三实施后,口门区及连接段航道内最大纵向流速、最大横向流速和最大回流流速有所减小,均小于规范规定的最大流速限值,航行条件较好。

经综合比选,本报告将修改方案三作为推荐方案。

5.6 本章小结

(1)各航速下,渡槽内的最大水位壅高值均小于50cm,满足渡槽结构设计要求。

(2)船舶下沉量试验结果表明,1 000t级船舶采用3.0m/s的航速航行及会船,也有64.8cm的富余水深,富余水深满足设计要求。

(3)渠道内的回流流速总体不大,对航行基本无影响。

(4)阻力试验结果表明,中间渠道内的航行速度应小于2.5m/s较为合适。

(5)百色中间渠道的交会时的航线设定宜采用上行走右航线、下行走左航线的方式,从会船航态试验看,船舶能在直线段安全会船。

(6)综合满足枢纽通过能力的航速要求分析,以及船舶以不同航速在中间渠道内航行时的船行波、航行下沉量、船周回流、航行阻力和航态试验,建议百色中间渠道内的船舶航速取2.0~2.5m/s。

(7)中间渠道经济断面尺度研究确定好中间渠道的通航方式后,渠道的尺度主要受船行波、航速、会让方式、航行阻力、升船机通过能力、船舶操纵性能等因素影响,其中航速和会让方式是主要因素。

(8)结合国内外有关限制性航道通航条件的科研成果和工程经验,提出中间渠道A、B、C三类的参考尺度(为最小尺度要求,见表5-10)。

(9)根据已有研究成果,提出中间渠道尺度的确定原则。

(10)在下游引航道口门区增设导流墩并辅以切滩方案能够较好改善下游口门区航道通航水流条件。

6 大藤峡枢纽下游水位未衔接段航道整治技术研究

大藤峡水利枢纽是广西内河航运发展规划航运主通道上的关键节点,其所在河段也是西南水运出海中线通道、北线通道在石龙汇合后通往西江航运干线到达粤、港、澳地区的必经之路,区段位置重要。目前大藤峡枢纽至桂平三江口区段的航道等级为Ⅴ级,由于长洲枢纽正常蓄水位只能到达桂平三江口,桂平三江口与大藤峡枢纽下游还存在约12km的脱水段,该河段为山区性航道,河段内分布有飞凤角、鹅蛋滩、铜鼓滩、羊栏滩等碍航滩险,滩险众多、上下游滩险关系紧密,滩况复杂,成为制约黄金水道通过能力提高的重大因素,如何通过航道整治解决本河段不同特点多滩险碍航状况、大幅提高航道等级,同时保证口门区通航水位是亟须解决的关键问题。

本章在充分收集依托工程相关基础资料的基础上,采用调查研究、资料分析、定床物理模型及船模试验相结合的技术手段,对大藤峡水利枢纽过闸货运量未来发展形势及货运量进行了预测、论证了船闸建设规模,分析了大藤峡下游河段河床演变和滩险碍航特性,研究了大藤峡枢纽下游非衔接段航道水流特性和通航条件,论证了大藤峡最小设计流量下Ⅰ级航道尺度可行性以及大藤峡枢纽不利泄水对下游通航影响,在此基础上总结并提出了大藤峡坝下非衔接段急险滩航道整治技术和汇流口河段(羊栏滩)航道整治技术,解决了大藤峡坝下非衔接段重点滩险的碍航问题,保障了西江黄金水道建设的顺利进行。本章研究结果对于其他类似坝下非衔接段航道整治及汇流河口滩险的整治具有较好的指导和借鉴意义。

6.1 研究手段

本章采用调查研究、资料分析、定床物理模型及船模试验相结合的技术手段开展相关研究工作。

6.1.1 货运量预测的依据和方法

本文采用一元回归分析模型、一次指数平滑模型、灰色系统理论模型和弗尼斯模型四种方法对货运量进行了预测。预测依据如下:

(1)《国务院关于进一步促进广西经济社会发展的若干意见》;
(2)《广西西江黄金水道建设规划》(桂政发〔2010〕12号);
(3)《贵港总体规划》、《柳州港总体规划》(桂政函〔2010〕12号)、《来宾港总体规划》(桂政函〔2010〕203号)、《河池港总体规划》(河政函〔2010〕276号);
(4)《广西壮族自治区提升内河航道规划等级专题研究》;
(5)《西南水运出海通道中线起步工程(广西段)可行性研究报告(修编)》、《西南水运出海北线通道(柳江黔江)航道整治一期工程可行性研究报告》;
(6)《长洲三线、四线船闸工程可行性研究报告》。

6.1.2 定床物理模型

定床模型设计为几何正态,平面比尺和垂直比尺 $\lambda_l=\lambda_h=100$。根据相似条件,可确定流速比尺 $\lambda_u=10$,糙率比尺 $\lambda_n=\lambda_l^{1/6}=2.15$,流量比尺 $\lambda_Q=100\,000$。

模型模拟范围上起大藤峡枢纽上游3.2km的峡谷河段,下至桂平三江口下游3km河段,模拟河段全长约16km。其中本项目试验研究范围为枢纽下游引航道口门区至羊栏滩滩尾水位未衔接段航道。

模型采用2009年1月实测的1:2 000地形图制作,整体模型采用断面法进行制作,枢纽以板木制作,闸门统一用灰塑料板制作成直板门,便于控制上游水位及下泄流量,左右岸厂房埋有PVC管,并连接可控开度蝶阀,控制电站下泄流量。

本试验开展了枯水和中水两级流量的流速水位验证,枯水验证资料为2007年2月2日(黔江 $Q=1\,352\,m^3/s$)沿程实测11把水尺瞬时水位资料水位及黔江大桥下游100m处流速分布资料,中水验证资料为2009年5月7日(黔江 $Q=3\,713\,m^3/s$)沿程实测8把水尺瞬时水位资料和鹅蛋滩测流断面、黔江大桥下游100m、羊栏滩左汊测流断面、羊栏滩尾测流断面4个断面的流速分布资料。通过水位和流速验证,表明模型水流运动与天然满足相似要求。

6.1.3 遥控自航船模

本次试验选择2 000t级顶推船队(1+2×2 000t)和3 000t级货船作为代表船型,船模比尺 $\lambda_l=100$。船体采用玻璃钢制作,船模制作完成后均进行了静水性能和运动性能校准,使其满足试验要求。

6.2 大藤峡枢纽过闸货运量分析

6.2.1 运量预测成果

1)内河货运量预测成果

(1)总量预测

根据数学模型预测值,结合广西综合交通运输规划、内河水运发展规划以及主要货类构成情况,以2010年为基础年,通过综合分析,预测2020年、2030年和2040年广西内河货运量总量分别为15 000万t、25 000万t和30 000万t。各种方法预测值见表6-1。

根据广西内河各已批复及审查的港口总体规划成果,广西内河港口吞吐量见表6-2。

广西内河货运量各种方法预测结果(单位:万t)　　表6-1

预测方法	2020年预测	2030年预测	2040年预测
一元回归	12 130	22 130	29 527
一次指数平滑	14 915	24 915	30 671
灰色系统理论	15 123	25 123	31 598
最终推荐值	15 000	25 000	30 000

广西区内河港口吞吐量现状及预测（单位：万 t） 表 6-2

港口	2010 年现状	2020 年预测	2030 年预测	2040 年预测
广西内河港口	6 706.76	16 840	26 580	33 100
南宁港	485.41	1 500	3 000	3 660
贵港港	3 807.28	5 890	7 730	9 410
梧州港	1 600.51	1 850	2 500	3 050
百色港	0.21	1 500	2 500	3 200
来宾港	569.27	1 500	2 500	3 200
柳州港	189.07	2 000	4 000	4 870
崇左港	13.68	1 000	2 000	2 560
河池港	—	350	600	810
玉林港	—	1 100	1 500	2 010
贺州港	12.33	150	250	330

注：数据引自《2010 年广西航务统计资料》。

（2）分货类货运量发展水平预测

各分类货物未来货运量预测成果如表 6-3 所示。

2）大藤峡水利枢纽过闸货运量预测

由于经济发展不平衡及产业结构特点，广西内河水运货物绝大部分是下行货运量，根据现状及发展趋势，项目所在河段主要控制性工程为红水河的桥巩水电站，融江的大埔水电站，黔江的大藤峡水利枢纽以及产生间接影响的西江长洲水利枢纽和郁江桂平航运枢纽。

综合分析腹地各港口对外物资流通情况，预测 2020 年、2030 年、2040 年大藤峡水利枢纽船闸过闸货运量（双向）分别为 2 554 万 t、4 527 万 t、5 646 万 t。过闸货运量预测详见表 6-4。2020 年、2030 年和 2040 年大藤峡水利枢纽过闸货流密度图分别见图 6.1～图 6.3。

广西内河港口吞吐量分货类预测（单位：万 t） 表 6-3

年份	2020 年预测			2030 年预测			2040 年预测		
货类	合计	出港	进港	合计	出港	进港	合计	出港	进港
总计	16 840	10 829	6 011	26 580	16 715	9 865	33 100	20 735	12 365
1. 煤炭	2 597	1 321	1 277	4 240	1 861	2 378	5 304	2 303	3 001
2. 石油	82	6	76	127	8	119	160	10	150
3. 金属矿石	598	60	538	1 013	99	914	1246	123	1 123
4. 钢铁	1 005	733	272	1 649	1 184	465	2 037	1 453	584
5. 矿建材料	3 834	1 423	2 411	5 217	1 829	3 389	6 566	2 291	4 275
6. 水泥	3 982	3 885	97	6 033	5 902	132	7 439	7 273	166
7. 木材	209	182	28	342	288	53	427	362	65
8. 非金属矿石	474	358	116	764	653	111	953	816	137

续上表

年份 货类	2020年预测			2030年预测			2040年预测		
	合计	出港	进港	合计	出港	进港	合计	出港	进港
9. 化肥农药	351	186	165	592	284	308	730	349	382
10. 粮食	242	93	149	432	152	280	536	192	343
11. 机械设备电器	363	178	185	699	378	322	863	456	407
12. 化工原料制品	474	380	95	798	599	199	992	744	248
13. 有色金属	420	414	5	788	727	61	1 006	929	77
14. 轻工医药产品	777	624	153	1 410	1 116	295	1741	1 376	365
15. 农副产品	393	286	107	712	497	215	891	626	265
16. 其他	1 040	701	339	1 764	1 139	626	2 209	1 431	778
其中:集装箱	252	126	126	505	255	250	627	317	311

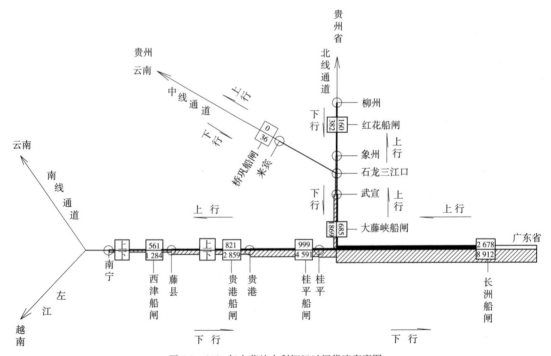

图 6-1 2020年大藤峡水利枢纽过闸货流密度图

6.2.2 船闸通过能力分析

根据大藤峡枢纽过闸预测货运量结果,2 000t级船闸单向年过闸总载重吨位2 254.4万t,难于满足2020年的运量需求,为此,需要对该方案进行调整。2 000t级船闸尺度为250m×23m×5.0m,调整方案一为2 000t级船闸扩大方案,将船闸尺度增加至370m×34m×5.0m;方案二为3 000t级船闸方案,参照长洲水利枢纽三线四线船闸的有效尺度设计,闸室有效长度340m×34m×5.8m。

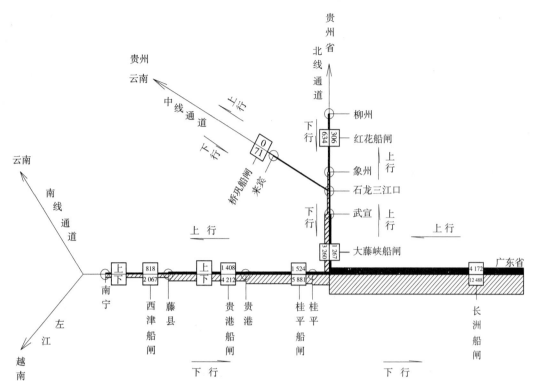

图 6-2 2030 年大藤峡水利枢纽过闸货流密度图

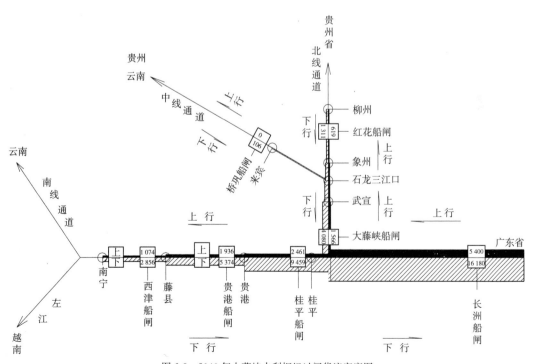

图 6-3 2040 年大藤峡水利枢纽过闸货流密度图

大藤峡水利枢纽过闸货运量预测表(单位:万t)　　　　表6-4

航线 货类	2020年预测值			2030年预测值			2040年预测值		
	合计	下行	上行	合计	下行	上行	合计	下行	上行
货运量总计	2 554	1 869	685	4 527	3 260	1 267	5 646	4 080	1 566
1. 煤炭	160	160		190	190		243	243	
2. 石油	20		20	40		40	50	0	50
3. 金属矿石	445	5	440	775	10	765	949	13	937
4. 钢铁	325	283	42	590	515	75	731	635	96
5. 矿建材料									
6. 水泥	600	590	10	1 125	1 110	15	1 403	1 384	19
7. 木材	30	30		49	49		64	64	
8. 非金属矿石	115	110	5	225	215	10	286	273	12
9. 化肥农药	115	103	12	174	141	33	214	173	40
10. 盐									
11. 粮食	27	18	9	48	29	19	61	37	24
12. 机械设备	129	97	32	346	275	71	426	337	89
13. 化工原料	128	117	11	199	165	34	246	204	42
14. 有色金属	19	19		36	36		47	47	
15. 轻工产品	88	58	30	183	114	69	229	143	86
16. 农副产品	53	48	5	105	95	10	133	121	12
17. 其他	300	231	69	442	316	126	565	406	159

1)代表船型尺度

参照上列《项目建议书》及《内河通航标准》的设计船型,结合目前西江航运和船型发展现状及西江航道规划船型,并考虑运输船舶大型化、标准化发展等综合因素,本研究采用的设计代表船型及尺度如下。

(1)3 000t级货船:110m×16.2m×3.5m;

(2)3 000t级多用途集装箱船:90m×16.2m×3.6m;

(3)2 000t级货船:90m×16.2m×2.6m;

(4)2 000t级多用途集装箱船:59m×15.6m×3.5m;

(5)1 000t级货船:85m×10.8m×2.0m;

(6)1 000t级多用途集装箱船:59m×12.8m×3.0m;

(7)500t级货船(1):67.5m×10.8m×1.6m;

(8)500t级货船(2):49.9m×10.6m×2.5m;

(9)船队。2×2 000t级:182.0m×16.2m×2.6m;2×1 000t级:160.0m×10.8m×2.0m。

2)船闸通过能力计算

根据初拟的船闸建设规模扩大方案的有效尺度,以设计代表船型进行过闸组合,分别计算 2 000t 级船闸扩大方案和 3 000t 级船闸方案的通过能力。

根据计算得出方案一 2 000t 级船闸扩大方案年过闸货运量为 5 681.4 万 t,方案二 3 000t 船闸方案年过闸货运量为 5 894.6 万 t。

6.2.3 船闸建设规模

经对船闸建设规模按照 2 000t 级扩大(有效尺度 370m×34m×5.0m)和 3 000t 级(有效尺度 340m×34m×5.8m)两个方案的研究比较,通过能力都基本能满足设计水平年预测过坝货运量要求;3 000t 级方案估算投资约为 52 395 万元,船闸耗水量为 45.3 m^3/s,两项指标均优于 2 000t 级扩大方案估算投资 55 340 万元和船闸耗水量 49.3 m^3/s,再综合考虑对航运发展的有利影响因素,3 000t 级方案优于 2 000t 级扩大方案。因此,推荐大藤峡水利枢纽船闸建设规模为 3 000t 级,船闸有效尺度可采用 340m×34m×5.8m。

6.3 大藤峡下游河段滩险特性和水流特性分析

本文研究涵盖两项工程,大藤峡枢纽工程和大藤峡坝下航道整治工程,由于航道整治工程需要在大藤峡枢纽整体工程建成之后建设,因此,在开展下游非衔接段航道整治研究时,首先要考虑枢纽工程对本河段的影响,为此开展滩险特性和水流特性分析研究,首先分析各个滩段的碍航特性,其次分析大藤峡枢纽工程对下游河段通航条件的影响,在此基础上提出优化整治措施。

6.3.1 滩险概况及滩性分析

大藤峡枢纽下游未衔接段(图 6-4)共有滩险 4 处,自上而下分别为飞凤角、鹅蛋滩、铜鼓滩和羊栏滩,滩性特点各异,有的以急为主,险急并存,有的以浅为主。本河段河床主要由基岩、大粒径石块或卵石组成,一般较为稳定,控制着行经水流,使之形成特定水流形态,又因河床形态不同,成滩水位与最涸水位都不尽相同,同时单一河段和汇流口河段特性也有较大差别,因此弄清滩险特性及碍航原因对滩险整治有至关重要的作用。

1)飞凤角

飞凤角位于大藤峡枢纽下游约 3.5km,船闸下游引航道口门区出口处,滩段长约 1.5km,主要为枯水碍航,碍航特征为浅、急、险并存的礁石滩险。

2)鹅蛋滩

鹅蛋滩上距大藤峡枢纽约 5.5km,滩长 1.2km,为石质滩险。本滩段所处河道较为顺直,右岸平缓,左岸陡峻,主槽内左右两岸两块边滩相互对峙,左岸边滩较大,右岸边滩相对较小,边滩由岩盘组成,最大宽度近 200m。本滩成滩流量在 1 500 m^3/s 左右,而大流速持续至洪水期,为此该滩为中洪水急滩。

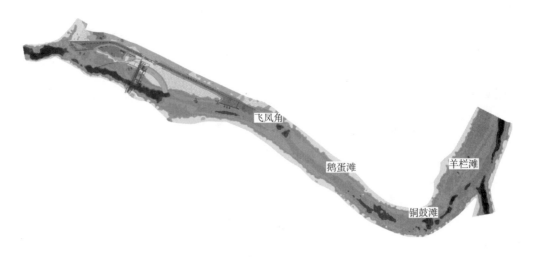

图 6-4　大藤峡下游非衔接段河道图

3）铜鼓滩

铜鼓滩位于大藤峡枢纽下游 10km，其下毗邻郁江口，滩长 1.5km，河面开阔，两岸为石质或粒径较大的卵石岸线。本滩段地处弯道，凸岸为滩面高程较低大片中枯水滩地，一般在设计水位上 1.0～2.0m，枯水主槽偏左岸，航槽基本稳定，以石质滩险为主，主要为枯水碍航。

4）羊栏滩

羊栏滩为两江交汇口段，左有黔江从西北向流入，并折向东北向进入本滩段，右有郁江向北流进本滩。滩段河道宽浅，两江交汇口处河宽达 1.2km。滩段左岸依附有完整高大的大沙和柳技沙等组成的边滩，将枯水河宽压缩至 300m 左右，深槽偏右岸。全滩长约 1.8km，河床为石质，局部有卵石覆盖。2007 年航道整治时在大沙中槽开挖底宽 100m，底高程为 19.2～20m 的宽浅型分流通道，用于改善主航道内水流条件，目前该段还是呈现中洪水期急流的碍航特征。

6.3.2　枢纽建设后河段水流特性分析

模型根据中水珠江设计公司编制的《广西大藤峡水利枢纽工程项目建议书》工程方案对大藤峡水利枢纽进行布置。

1）水位变化

设计流量时，下游口门区处右侧河道水位最大升幅为 0.10m，向下游则逐渐减小，飞凤角滩后则基本没有太大影响；流量增加至 1 450m³/s 时，受制于左侧隔流墙及右侧开挖的双重影响，水位上升趋势有所减小，口门区处水位上涨幅度在 0.03m 左右；4 280m³/s 流量及以上时，由于工程布置的共同影响，本河段水位基本没有太大变化。

2）主流动力轴线

枯水期自上游枢纽下泄水流因经过长距离调整，水动力轴线在口门区段上游基本没有太大变化，口门区处因隔流墙侵入河道、束窄河宽，原本沿深槽而下的水流此时由于隔流墙的作用而向右有所调整,连接段时因大幅度开挖削平至 18.50m 高程,水动力轴线又向左偏移,之后进入飞凤角滩段由于两侧边滩强有力的控速,水动力轴线变化不大。

3)流速

相较天然条件下,右侧河岸开挖区域起到分流的作用,飞凤角滩头前因口门区下游段开挖,主流略有左偏,中洪水期因该河段水流逐渐取直,水动力轴线较为平顺且变化不大,因此枢纽建设对飞凤角滩段及下游航道水流条件影响逐步减小,流速分布与天然条件下基本相同,受影响区域主要集中在右侧开挖部分,对航道内水流条件影响不大。

6.4 大藤峡最小设计流量与下游航道尺度关系研究

根据广西内河发展规划,长洲枢纽正常运行后,大藤峡枢纽至桂平三江口航道等级将达到Ⅱ级(航道尺度为 3.8m×80m×550m),而下游桂平三江口至长洲枢纽航道等级未来将规划建设成为Ⅰ级,因此综合考虑未来西江亿吨黄金水道的发展需要,开展了大藤峡最小设计流量与下游航道尺度关系研究。

试验选取了 80m、90m、100m 和 120m 四种不同航宽的Ⅰ级航道建设尺度,以研究不同航道尺度在设计最小流量 700m³/s 时与下游航道各水力指标的关系,从而判定Ⅰ级航道建设的可行性。航道底坡与转弯半径参考Ⅱ级航道标准。

6.4.1 对水位的影响

图 6-5 为各航道尺度下研究河段沿程水位变化。Ⅱ级航道宽度为 80m。

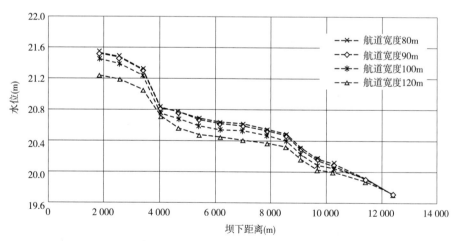

图 6-5 各航道尺度下研究河段设计流量时沿程水位变化

研究结果显示,与 80m 航宽相比,90m 航宽时沿程水位降幅不大,其中口门区水位降落 0.02m 左右,飞凤角滩尾至铜鼓滩顺直河段有 0.02~0.04m 的水位降落,羊栏滩段基本没有太大变化。当航宽增至 100m 时,沿程水位普遍下降,水位降落主要集中在鹅蛋滩至铜鼓滩段,降落幅度在 0.1m 左右,口门区及连接段水位降落主要是因为下游水位降落传递的影响有所降落。当航宽增至为 120m 时,研究河段沿程水位呈现大幅度降落,其中口门区及连接段达到 0.3m 左右,向下游降幅逐渐减小,铜鼓滩以上河段基本在 0.2m,羊栏滩段在 0.1m 以内。

6.4.2 各航道尺度下水深条件

图 6-6 为各航道尺度时研究河段沿程水深变化。航道宽度为 80m 时,可满足Ⅰ级航道 4.1m 水深要求。

航道宽度为 90m 时,相较 80m 航宽时工程方案变动不大,研究河段沿程水深仅有 0.02~0.04m 以内的变化,也基本满足Ⅰ级航道水深要求。

而航道宽度为 100m 时,铜鼓滩以下河段航槽需拓宽范围较长,由此导致口门区至铜鼓滩河段沿程水深均有 0.07~0.12m 的下降,除个别深槽区域外,Ⅰ级航道 4.1m 水深要求难以全线满足。

航道宽度为 120m 时,沿程河段航槽均需拓宽,工程实施范围广,此时沿程水深下降幅度较大,且自羊栏滩至口门区段均呈现水深变小趋势,其中口门区处水深仅为 3.6m 左右,下降幅度相较达到 0.4m。

试验采用的是同一底坡,若考虑水深要求必然要对底坡进一步开挖,因此大尺度航宽引起的水位降幅也会相应增大。综合试验结果,建议Ⅰ级航道航宽保持在 90m 以内有助于控制水位的降落。

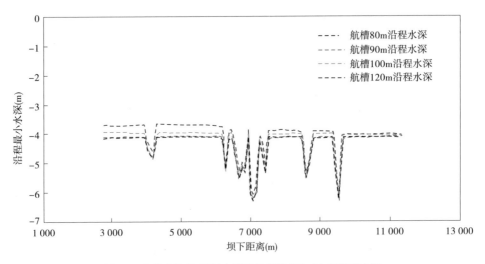

图 6-6　各航道尺度下研究河段设计流量 700m³/s 时沿程水深

6.4.3 航道尺度与航槽流速关系

图 6-7 为各航道尺度时研究河段航槽内沿程流速变化图。

试验结果显示,各航道尺度条件下,各滩段以及航槽内沿程流速都低于 2.5m/s,通航条件较好,仅在口门区及连接段由于北石洲上开挖边滩,水流归槽,流速稍大在 2.0m/s 以上;随航道尺度的逐渐增加,航槽内沿程流速均呈现减小的趋势,航道尺度 90m 时,流速减小幅度相对不大;航道尺度 100m 时,沿程流速有 0~0.14m/s 的减幅;航道尺度 120m 时,全河段均需拓宽航槽,而口门区及连接段至飞凤角滩尾段航槽内降幅最大,可达到 0.3m/s,向下游因比降小、流速缓,降落幅度一般在 0.1~0.2m/s 内。研究表明,航道宽度小于 100m 时,航道的拓宽对流速的影响不大。

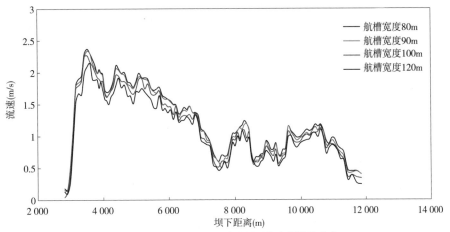

图 6-7　各航道尺度下设计流量时航中线沿程流速

6.4.4　航道尺度与口门区水位关系

图 6-8 为各航道尺度时口门区水位变化图。由图可见,随航道尺度逐步增加,口门区水位总体呈现加速下降的趋势。航道尺度 80m 时,口门区水位为 21.5m;航道尺度 90m 时,口门区水位与 80m 基本相当,变化不大;但随着下游河段航槽拓宽区域与工程措施的增加,口门区水位降落幅度逐渐增大,航道尺度 120m 时,口门区水位仅为 21.18m。因此下游 I 级航道尺度的选择与建设需充分考虑口门区的水位变化,以防止水位降落过大,影响通航设施的正常运行。

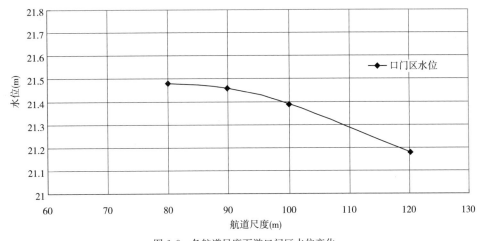

图 6-8　各航道尺度下游口门区水位变化

6.5　大藤峡坝下航道整治方案研究

据以上大藤峡坝下非衔接段滩险及河道特性分析,本河段具有以下特点:

（1）枢纽下游 12km 范围内分布 4 处滩险，河床形态复杂，上下游各滩相互邻近、关系紧密，具有连续滩群分布特点，滩险整治须上下游统筹兼顾，相互协调，减少对邻近滩险的不良影响。

（2）各滩碍航特性各异，如边滩交错分布挤压航槽致使航道弯曲、狭窄而形成的急滩，顺直河段的卡口型急滩，汇流口河段中洪水急滩等，滩险特性突出。为此，需要采用由下至上单滩治理，在此基础上统一协调工程布局的方式开展滩险整治，最后通过自航船模航行试验优化工程布置，确定最终的整治方案。

大藤峡坝下航道目前设计为Ⅱ级航道，远期规划为Ⅰ级航道，因此，本章主要对Ⅱ级航道的工程方案进行优化，在Ⅱ级航道基础上，开展Ⅰ级航道的可行性研究。本章研究范围为大藤峡坝下非衔接段航道，虽然模拟范围涵盖了大藤峡枢纽，但下游口门区及连接段航道属于枢纽工程范畴，因此在开展模型试验工作中仅对该处存在的问题进行分析，具体深入的研究在枢纽设计工作中开展。

6.5.1 Ⅱ级航道整治方案试验

1）设计方案试验

大藤峡下游未衔接段规划Ⅱ级航道设计方案工程措施主要是疏炸航槽，对规划航线内沿程水深不足的区域进行开挖。挖槽断面沿设计航线采用梯形开挖，开挖位置位于规划航槽内，开挖宽度为 80m，边坡为 1:2，航道尺度为 3.8m×80m×550m。如图 6-9 所示。试验研究了设计流量 700~27 000m³/s 共 9 级流量下的通航水流条件，试验结果综述如下。

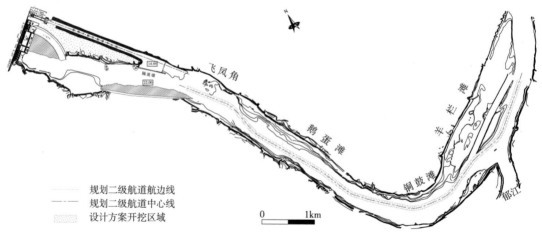

图 6-9　大藤峡坝下未衔接段Ⅱ级航道设计方案工程布置图

（1）沿程水位

相较现状条件下，设计流量时口门区水位下降值达到了 1.84m，下游水位降落值延程逐渐减小，飞凤角降落约 1.9m，鹅蛋滩约为 1.2m，铜鼓滩下降 0.40m 左右；飞凤角处因两侧边滩挤压航槽，航道狭窄，且两侧切滩高程多在 20.0m 以上，该滩段切滩工程量相较其他滩险较大，因此该处 3 号水尺水位下降值略大；随流量增加，各水尺降落幅度均逐渐减小，8 600m³/s 流量时口门区水位降落为 0.55m，20 000m³/s 流量以上时研究河段水位基本变化不大。

(2)沿程航深

开挖底高程预先考虑了枢纽建设及枢纽下游未来冲刷等诸多因素,开挖底高程较低,工程实施后航槽内水深均大于 3.8m 设计水深,其中口门区至飞凤角滩段最大水深可达到 4.7m,飞凤角下游河段水深也基本在 4.2m 左右,均满足航道水深设计要求。

(3)航道流速

设计流量 700m³/s 时,飞凤角滩段航道内流速由工程前的最大 3.7m/s 降至 2.5m/s 以下,天然条件下流速超标区消失,枯水期航槽狭窄、流急特点得到较大改善。鹅蛋滩流速也有近 0.4m/s 左右幅度的下降,而铜鼓滩流速较工程前相对变化不大;羊栏滩进口段流速由之前的 2.0m/s 降至 1.65m/s 左右,而汇流口及汇流段较工程前没有太大变化。

1 450m³/s 流量时,飞凤角滩最大流速接近 3.0m/s,但较工程前仍有 0.5～0.7m/s 幅度降低;鹅蛋滩流速基本都在 2.8m/s 以下;铜鼓滩段河道较宽,流速相对变化缓慢,该级流量下各滩均能较好满足通航条件。2 080m³/s 流量以上时,除铜鼓滩外,各滩均出现不同程度的流速超标情况,且随流量增加,其流速超标区域也不断增大。

8 600m³/s 流量时,鹅蛋滩及羊栏滩存在 3.5m/s 以上的大流速区,其中洪水期流急的特征没有太大改善。

15 000m³/s 流量以上时,工程实施对全河段流速影响较小,基本变化不大。

由此可见,设计方案对本河段 3 000m³/s 流量以下滩险流急碍航特征改善效果较为明显,但中洪水期流急的问题没有得到有效解决。

(4)流态

设计方案实施后,飞凤角滩段由于航道疏炸开挖均在原有航槽基础上进行,虽枯水流急特征有较大改善,但滩段"S"形连续水流过弯及左侧回流流态改观不大,水流经上游航槽直冲深槽,仍存在回旋水域,其余各滩枯水期流态均有一定程度好转。如图 6-10 所示。

图 6-10 设计流量条件下Ⅱ级航道设计方案飞凤角水流条件

2)修改方案试验

本河段因复杂的山区河床形态使得水位落差分布较为不均,或集中分布于局部滩段,或均匀分布于较长河段范围内,因此航槽底坡还需根据局部水位落差进行适当调整。根据设计方案试验成果,由于该方案挖槽底坡根据枢纽下游最低通航水位 20.70m 与羊栏滩最低通航水位确定,工程实施后,船闸下游引航道口门区以下飞凤角及鹅蛋滩滩段近 4km 范围内航道最小水深皆在 4.0m 以上,其中口门区至飞凤角滩段航槽内因该处水位差略大,水深远超出水深标准要求,因此依据设计方案实施后该河段水面比降,同时根据通航水流条件和河床地形条件对航线进行了优化。在此基础上,对碍航各个滩险采用由下至上的顺序进行了单滩整治。

(1)羊栏滩

羊栏滩碍航特性主要为中洪水期汇流段流急的特点,分析其主要原因:目前主航道为右汊,各水情条件下其分流量均占主导地位,而大沙左汊进口及槽内底高程较高,在5 000m³/s流量以上时方有分流,且分流量极小,而中槽分流量所占比重也不大,因此目前右汊主航道随流量的增加,因左侧依附高大完整边滩,其过水断面增加幅度有限,由此导致主航道流速增长迅猛。

因左岸依附有高大边滩,以及滩前自中槽进口上游400m处为窄深河道,两侧石质边滩发育约控水流,致使中洪水期主汊河道狭窄、主流集中,从而使得汇流段单宽流量分布极为不均匀,设计航槽内流速过大,如图6-11所示。

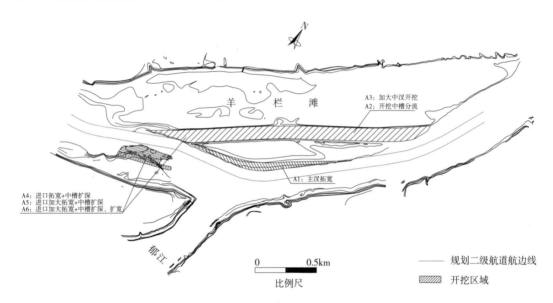

图6-11 羊栏滩工程布置图(设计方案)

根据羊栏滩的碍航特性,选择920m³/s、3 000m³/s及10 000m³/s作为试验流量,分别采用拓宽主汊、中槽分流、调整进口地形等方法开展了6组修改方案试验,修改方案工程布置和整治效果见表6-5。

羊栏滩整治各修改方案工程布置及工程效果 表6-5

方案组次	方案类型	工程布置	工程效果	效果分析
修改A1	主汊拓宽	主汊道左侧切除边滩,旨在通过拓宽右侧主航道宽度,增大河道过水面积,进而减小流速	中枯水期可有效改善右汊通航水流条件;洪水期因拓宽主航槽,导致主汊分流量增加明显,进而使得该汊流速呈现进一步恶化的趋势	差
修改A2	开挖中槽分流	主汊不开挖,中槽保持开挖宽度不变,增加开挖底高程至18m	主槽分流量明显减小,主槽内3m/s、3.5m/s流速区的范围较工程前有所减小,最大降至3.75m/s左右	差

续上表

方案组次	方案类型	工程布置	工程效果	效果分析
修改A3	加大中汊开挖	在A2的基础上继续降低中槽开挖底高程,与主槽设计方案相同	航道内大流速区的范围与程度继续得到改善,但汇流段仍有较长区域内流速为3.2~3.5m/s	一般
修改A4	滩前进口拓宽、分散主流+中槽拓深增加分流	在方案A3的基础上中槽开挖底高程16.1m保持不变,中槽进口上游400m处右侧边滩顺应上下游地势进行局部切滩与炸礁,底高程为18m	工程效果明显,有效改变了下游回流口及汇流段区域的断面单宽流量分布,从而改善了该区域大范围的流速情况,但仍未达到整治标准要求	一般
修改A5	滩前进口加大拓宽、分散主流+中槽拓深增加分流	在A4的基础上对中槽进口上游400m处右侧边滩继续向右侧加大开挖范围,底高程仍为18m,其余工程布置不变	流量分布趋于分散,进一步弱化了左侧航槽内的主流,汇流段流急情况得到较大的改善,仅在CS177~CS182航槽内存在约450m左右3.1m/s左右的流速超标区,具有较好的整治效果	良
修改A6	滩前进口加大拓宽、分散主流+中槽拓深、拓宽增加分流	在A5的基础上,中槽继续向右侧开挖10m,底高程与之前一致,其余方案不变	汇流口至汇流段航槽内流速基本在3.0m/s以下,仅个别区域有流速超标情况,基本满足航道整治要求	优

试验研究结果表明:采取拓宽主航槽整治措施后,洪水期导致该汊分流量进一步加大,使得其流速呈现恶化趋势;而通过拓宽、挖深中槽分流,结合滩前进口处右侧边滩的切除整治措施,能够有效减小主汊分流,并均化主汊内断面单宽流量分布,从而降低主航槽内流速,起到改善本滩中水期流急的整治效果。

(2)铜鼓滩

铜鼓滩处于弯道段,航线规划于左侧凸岸,而河道中右部顶高程在26m左右、宽近百米的担干石阻隔于江中,距航边线相距仅在40m左右,船舶上下行经过弯道时由于水流顶冲,极有可能偏离航槽而触碰礁石,如图6-12所示。

该滩开展了1组修改方案试验,切除了担干石左侧距航边线50m范围内的部分,底高程与航槽内一致。

方案实施后,设计流量下由于礁石阻水航槽内产生的不良流态得到较大改善,水流较为平顺,流速也有一定程度的降低,同时礁石切除也使得该区域适航水域有较大程度的增加,避免了船舶在弯道段上下行漂移触礁的危险。

(3)鹅蛋滩

鹅蛋滩主要由于两侧边滩挤压形成卡口,致使航道狭窄,流速较急,且左侧边滩面积较大,中洪水期主流持续偏于右侧航槽,也导致航槽内流速一直居高不下;同时经过下游羊栏滩与铜鼓滩整治后不可避免地带来一定程度的水位降落,鹅蛋滩流急状况有所加剧,如图 6-13 所示。

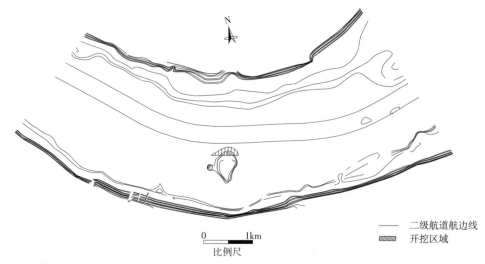

图 6-12 铜鼓滩工程布置图(设计方案)

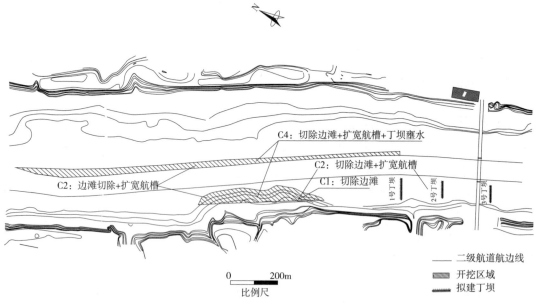

图 6-13 鹅蛋滩工程布置图(设计方案)

该滩整治思路为拓宽航槽、增加过水断面、改善卡口流急状态以降低流速,并结合下游抬水措施,以减缓本滩流急态势。根据试验研究分析,洪水期由于船舶可以充分利用左侧边滩缓流区水深充足水域通行,因此本滩选择较汹的中水流量 2 080 m³/s 和 4 280 m³/s 作为试验流量,开展了 4 组修改方案试验。

工程布置和试验结果见表 6-6。研究结果表明,采取有效切除边滩、拓宽航槽,并结合下游筑坝壅水、缓解比降的整治措施,有效改善了本滩中水期的碍航情况。

鹅蛋滩修改试验工程效果分析　　　　　　　　　　　　　　　表 6-6

方案组次	方案类型	工程布置	工程效果	效果分析
修改 C1	右侧边滩切除、改善卡口形态	切除 C114～CS120 航槽外右侧 80m 范围内边滩高程 20m 以上部分,以疏散水流,降低航槽内流速	2 080m³/s 流量时,CS112～CS119 间航槽内仅存在流速约 3.1m/s 的超标区;4 280m³/s 流量时,飞凤角滩尾至黔江大桥处航道内仍存在 3.5m/s 以上大流速区	差
修改 C2	边滩切除;拓宽航槽	在 C1 基础上自飞凤角最下左侧边滩处至黔江大桥上游 340m 对航槽进行拓宽,平均加宽在 20m 左右	2 080m³/s 流量时,滩段 3.0m/s 以上流速区域消失,流速基本在 2.8m/s 左右;4 280m³/s 时,流速也有较大幅度的降低,3.5m/s 以上大流速区范围有所减小	一般
修改 C3	边滩切除;滩尾筑坝	右侧边滩切除;滩尾至黔江大桥间布置丁坝 3 座,顶高程为 20.5m	4 280m³/s 流量时,水位抬升 0.15m 左右,流速降低约 0.3m/s,滩段流速仍在 3.3～3.7m/s 范围内	一般
修改 C4	边滩切除;航槽拓宽;滩尾筑坝	右侧边滩切除;同时拓宽航槽与下游修筑丁坝壅水调整比降	2 080m³/s 流量时,滩段内流速基本在2.7m/s 以内;4 280m³/s 流量时大于 3.5m/s 的大流速范围已基本消失,但由于左侧边滩范围宽大,主流归槽效应明显,航槽范围内流速仍为 3.0～3.4m/s	一般

（4）飞凤角

飞凤角滩段经口门区及连接段航线优化方案于北石洲开挖航槽后,调顺了自本滩进出口门区及引航道的航线,减小了航道弯曲;此外航线调整后,航槽位于左侧滩上缓流区,偏离原主流河道,因此该方案一定程度改善了航槽内流急、枯水期"S"形连续弯道的碍航特性,但由于本滩复杂的滩势,且经过下游滩险的整治后不可避免地对本滩带来的影响,仍存在着以下碍航问题:

北石洲下游深槽内存在有宽大礁石岩盘,顶高程在 22m 左右,而该处区域有较为强烈的回流,船舶行驶不慎极有可能触碰底部礁石;中部左侧边滩沙角坪侵入河道,挤压航槽,使得适航航宽较窄,船舶受回流影响较大,边滩需适当予以切除;下游滩险整治,导致本河段水位有一定幅度的降落,流速、流态也有一定程度恶化。如图 6-14 所示。

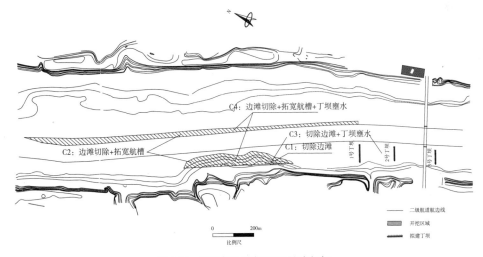

图 6-14　飞凤角工程布置图(设计方案)

针对该滩段的碍航特征,采取以下整治思路:

炸除深槽区域礁石,避免枯水期船舶受不良流态影响触碰礁石;切除右侧沙角坪一定区域边滩,调顺航线、减小航道枯水期弯曲,同时使得枯水航槽偏离左侧不良流态区域;适当拓宽航槽,降低本滩段中枯水期航槽流速。

飞凤角滩段选用 700m³/s、2 080m³/s、4 280m³/s 和 8 600m³/s 作为试验流量,开展了3组修改方案试验,工程效果见表6-7。研究表明,修改方案D3整治效果最优。

飞凤角修改试验工程效果分析 表6-7

方案组次	方案类型	工程布置	工程效果	效果分析
修改D1	孤礁炸除	北石洲下游深槽内乌龟石进行炸礁,炸礁底高程与该段航槽一致	700m³/s 流量时,水流条件满足;2 080m³/s 流量时,纵向流速均在2.8m/s以下,但CS95~CS97断面处航槽右侧区域水流左偏,斜流过大;4 280m³/s 流量时,沙角坪下游段水流较为集中,流速略有超标	差
修改D2	炸礁、边滩切除	乌龟石炸礁;沙角坪边滩左CS95~CS104航槽外50m范围内切滩,底高程与该段航槽一致	航道弯曲半径增大,切除的边滩增加了水流过流能力,水流分散;2 080m³/s 流量时,滩中段航槽内斜流状况好转;4 280m³/s 流量时,CS100~CS104断面航槽内流速超标区域也减小;流速也得到降低,在3.3m/s左右	一般
修改D3	炸礁、边滩切除及开挖复式断面	在方案D2基础上,切除边滩的右侧部分继续开挖复式断面,平均开挖宽度约30m,底高程为19m	2 080m³/s 时,航槽内流速均在2.7m/s以下,水流较为平顺;4 280m³/s 流量时,除局部小范围流速略有超标外,均满足标准要求;8 600m³/s 流量及以上时,沙角坪边滩下游段航槽因主流位于航槽,流速略大。总体上改变了本滩航道弯曲、狭窄、流急的碍航特性	优

3)总体方案试验研究

根据设计方案试验和修改方案试验研究结果,综合以上各滩的最终整治方案,形成了两组总体方案,两组方案均开展了定床水流试验和遥控自航船模航行试验。

(1)工程布置

总体方案1布置如下:

①羊栏滩对中槽进口上游400m处右侧边滩,顺应上下游地势,切除航槽右侧135m内边滩,底高程为18m;中槽向右拓宽10m,底高程挖至设计底高程;

②铜鼓滩切除担干石左侧距航边线50m范围内部分,底高程与航槽内一致;

③鹅蛋滩切除CS114~CS120航槽外右侧80m范围内边滩高程20m以上部分;自飞凤角最下左侧边滩处至黔江大桥上游340m处对航槽进行拓宽,平均宽度在15m左右;

④飞凤角北石洲下游深槽内礁石予以削平;中部沙角坪边滩左侧开挖,调顺航线,滩上开挖复式断面,底高程19m。具体工程布置如图6-15所示。

6 大藤峡枢纽下游水位未衔接段航道整治技术研究

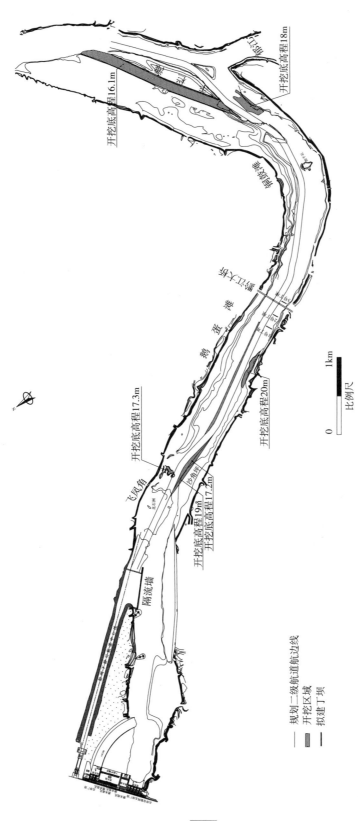

图6-15 大藤峡下游未衔接段Ⅱ级航道总体方案Ⅰ工程布置图

总体方案2工程布置如下：

①飞凤角进出口门区航槽由于该段比降较大，船舶上行困难，对该段航槽予以向右拓宽20m，即口门区及连接段航槽宽度调整至100m，相应下段飞凤角沙角坪边滩切滩措施也随之稍加变动。

②鉴于船舶行驶安全考虑及桥孔通航的利用，对鹅蛋滩整治工程布置的三座丁坝予以拆除。

③黔江大桥下游400～1 440m河段因航槽内水流与航线夹角偏大，致使船模易发生偏移而偏离航线，因此对该段航线根据水流条件及船模试验向右侧调整约40m。

④铜鼓滩段担干石上游CS142～CS148断面，船舶上下行时由于地处弯道，中枯水期船身侧面受水流冲击，船体易发生偏移偏出航道，根据该段水流条件计算，对航槽外右侧30m范围内予以开挖疏浚至设计底高程，拓宽弯道航道宽度。

⑤铜鼓滩尾段CS154～CS160断面，由于该段航槽在边滩上重新设计开挖，也导致该处航槽外右侧形成一长约470m左右的洲滩，而该处地处上下游连续弯道段，由此导致船舶行驶可操控调整的空间极为有限，也极易造成船尾扫滩，因此总体方案2中予以切除。具体工程布置如图6-16所示。

(2)试验结果

通过全河段总体整治方案水流与船模航行试验分析，各方案综合效果见表6-8，可总结得出：

①总体方案2较总体方案1航行条件改善明显，基本能满足船模安全航行要求，可作为推荐方案。

Ⅱ级航道各方案效果分析　　　　表6-8

碍航滩段	总体方案1	总体方案2
飞凤角段	中、洪水期流量$Q \geqslant 2\,080\,m^3/s$时，船模在"S"形弯道处转向过程中操控困难	通过对航槽拓宽代表船型能够安全经过飞凤角段航道
鹅蛋滩段	中、洪水期流量$Q \geqslant 4\,280\,m^3/s$时，主流集中于航槽内，流速较大。船模沿设计航线上行困难	同总体方案1相同，当流量$Q \geqslant 4\,280\,m^3/s$时，需沿左岸侧缓流区才能安全上行
黔江大桥段	中、洪水期流量$Q \geqslant 2\,080\,m^3/s$时，黔江大桥下游300m处时，流偏角较大，使横向流速较大。船模航行过程中偏离航线	黔江大桥下游航线修改后，航线与主流方向基本一致。航道内水流条件较好，航行条件能够满足船模安全航行要求
铜鼓滩段	中水期流量$Q \geqslant 2\,080\,m^3/s$时，船模下行经过铜鼓滩弯道时，航迹带较宽，船模右舷超出右航边线，此处暗礁较多，船模航行存在较大安全隐患	铜鼓滩弯道航道拓宽后，船模基本能够安全通过弯道段
羊栏滩段	中、洪水期流量$Q \geqslant 4\,280\,m^3/s$时，大沙洲头斜流较大，船模下行时向左漂移。船尾距大沙洲头较近，存在较大安全隐患。建议船模行至该处时沿右岸侧缓流区航行进入下游航道更加安全	羊栏滩段航道，流量$Q \leqslant 2\,080\,m^3/s$时，船模能安全沿设计航线航行。$Q \geqslant 4\,280\,m^3/s$时，船模沿右岸侧缓流区下行，航行条件较好
航行条件评价	一般	优

6 大藤峡枢纽下游水位未衔接段航道整治技术研究

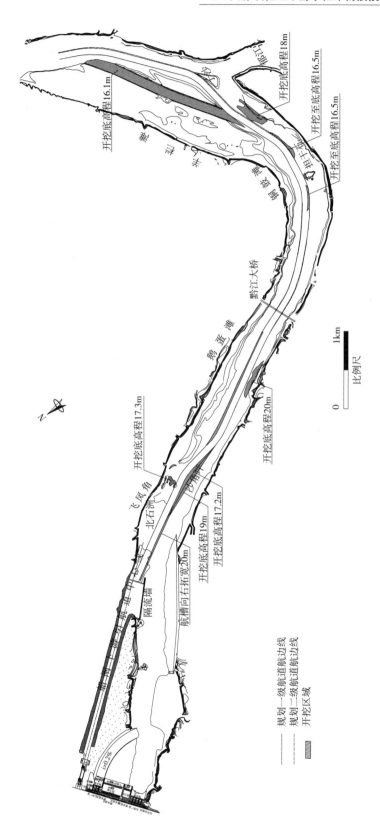

图6-16 大藤峡下游未衔接段Ⅱ级航道总体方案2工程布置图

②鹅蛋滩段航道处,当中洪水期流量 $Q \geqslant 4\,280\text{m}^3/\text{s}$ 时,航道内纵向流速较大,船模上行时无法沿设计航线行驶。其航道左岸侧 40m 内水流条件能够满足船模安全航行要求,因此船模可由左岸侧缓流区上行。

③当流量大于 $20\,000\text{m}^3/\text{s}$ 时,船舶自航经过黔江大桥通航孔时即使用最大率定航速 4.0m/s 静水航速,其对岸航速仍不能满足船舶自航上滩安全航行要求。因此建议当流量大于 $20\,000\text{m}^3/\text{s}$ 时,研究河段限制通航。

④枯水期连接段局部比降很大,拓宽航道后有所改善,但还是存在船舶上行困难的问题;洪水期流量 $Q \geqslant 8\,600\text{m}^3/\text{s}$ 情况时,航道内横向流速较大,船模下行过程中漂角较大,航行条件不能完全满足船模安全航行要求。

6.5.2　Ⅰ级航道方案研究

1)方案研究

该河段目前无Ⅰ级航道整治方案,因此航道尺度参考长洲以下 3 000t 级航道尺度 4.1m×90m×670m。Ⅰ级航道方案研究在Ⅱ级航道基础上进行,对航道尺度不能满足要求的航段进行调整,使其满足Ⅰ级航道尺度要求。

具体工程布置如下:鹅蛋滩以上Ⅱ级航道整治方案实施后由于均已满足Ⅰ级航道尺度要求,因此两者航线与工程布置相同;自黔江大桥上游 260m 左右至下游 1 400m(铜鼓滩弯道段上游),对原Ⅱ级航线两侧天然河道充足水深区域适当拓宽航槽;铜鼓滩弯道处至滩尾段,由于Ⅱ级航道整治已有所加宽以及该河段适航水域较大,满足Ⅰ级航道尺度要求,航线布置主要为向右侧调整,以使船舶行进时能充分利用河道宽度,有效调整船舶姿态,以顺利通过弯道;羊栏滩段因左侧为高大边滩,因此Ⅰ级航道方案主要为向右侧拓宽,可充分利用原有深槽,仅在局部区域需要疏浚、拓宽。如图 6-17 所示。

试验结果表明,在设计流量条件下,下游航道最小水深均超过 4.1m,能够满足要求。

中枯水流量下($Q \leqslant 4\,000\text{m}^3/\text{s}$),工程整治措施有效改善了各滩的流急特性,航槽内流速均在整治要求以内,无不良流态,通航条件较好;中洪水期($Q \geqslant 5\,000\text{m}^3/\text{s}$)时,水动力条件持续增强,飞凤角及鹅蛋滩由于河道单一、窄、边滩高大、主流集中等河势特点所致,航槽内均不同程度地出现流速超标情况,特别在 $Q > 10\,000\text{m}^3/\text{s}$ 时,飞凤角最大流速可达到 3.2~3.3m/s;鹅蛋滩则由于主流位于规划航槽内,单纯的航道整治难以有效改变其洪水期水流走向,其最大流速在 3.7m/s 左右;铜鼓滩因河面开阔,洪水期其流速均在标准之内;羊栏滩由于上游切滩及中槽开挖,有效降低了其主汊分流,同时改变了主汊内流速分布,随着洪水期水流漫滩,$25\,000\text{m}^3/\text{s}$ 流量以内其主汊内流速也均满足 3.0m/s 限值。

船模航行试验结果显示,枯水期航行条件均满足要求,在洪水期飞凤角和鹅蛋滩通过调整航路规避大流速区,船舶可以顺利通航。其他河段通航条件也均满足要求。研究结果表明该河段Ⅰ级航道建设基本可行。

2)长洲枢纽极限控制水位对Ⅰ级航道影响研究

由于长洲枢纽存在死水位不死的情况,因此需要考虑长洲枢纽极端控制水位对本研究河

6 大藤峡枢纽下游水位未衔接段航道整治技术研究

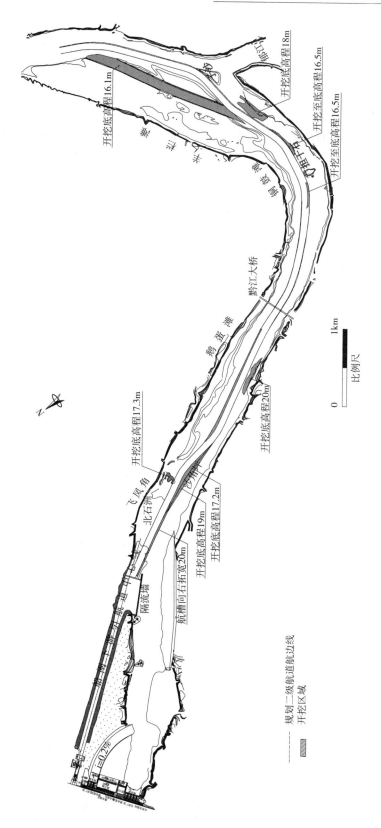

图6-17 Ⅰ级航道尺度方案航线布置

段的影响。因此选用长洲枢纽限制水位18.6m作为尾门控制水位,研究Ⅰ级航道推荐90m航宽尺度和最大120m航宽尺度时大藤峡枢纽坝下水位,从安全角度为大藤峡坝坝下水位的确定提供参考。

(1)航宽为90m时

试验在Ⅰ级航道推荐方案基础上(4.1m×90m×670m)开展,试验流量仍选取设计流量700m³/s,尾门水位为长洲枢纽限制水位18.6m(原尾门水位为19.72m)。试验结果如图6-18所示。

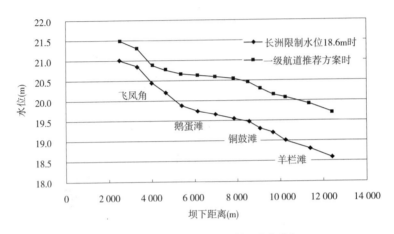

图6-18 航宽90m条件下坝下沿程水位变化

结果显示,受尾门控制水位降低影响,坝下沿程水位也呈大幅降低态势,飞凤角以下河段水位降落幅度大,降落幅度在0.8～1.1m,飞凤角滩以上降落幅度稍小,降幅在0.42～0.5m。此时船闸下游口门处水位为20.99m,较天然水位23.41m降落2.42m,较推荐方案21.47m下降0.48m。

(2)航宽为120m时

鉴于本河段航运长远发展规划及其他可能因素的影响,同样为确保未来枢纽建成后船闸的正常运行,选用Ⅰ级航道最大尺度(4.5m×120m×670m)进行研究。

试验首先开展了Ⅰ级航道最大尺度4.5m×120m×670m(航深×航宽×弯曲半径)一般情况下(尾门控制水位采用长洲枢纽建设前水位19.72m,不考虑长洲枢纽限制水位运行影响)设计流量时坝下沿程及口门区水位变化情况分析。为使得本河段满足4.5m水深要求,通过之前对Ⅰ级航道120m航道尺度时的沿程水面坡降的分析,对航道底坡重新进行了设计,使之全程均达到4.5m水深条件。

图6-19为不同工况条件下沿程水位变化,试验结果显示。

①当尾门控制水位为19.72m时,受航道拓宽加深的影响,上游水位降落幅度增大,沿程比降趋缓,坝下水尺水位为20.61m。相对于天然水位下降2.8m,相对于Ⅰ级航道推荐方案下降0.86m,飞凤角滩卡口对上游水位的控制作用基本消失。

②在相同航道尺度条件下,当尾门水位为18.6m时,坝下水尺水位为20.1m,较天然水位下降3.31m,与尾门控制水位19.72m情况相比,沿程水位降落趋势减缓。

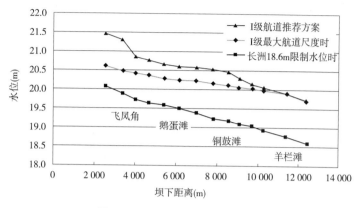

图 6-19 最大航道尺度坝下沿程水位

6.5.3 整治技术

1) 河道特点

(1) 复杂的河床形态及航道条件

本河段上游大藤峡峡谷段两岸崇山峻岭,河床狭窄,一般河宽200～300m,河道迂回曲折,两岸多形成石质台阶,使枯水期水面宽仅100～200m;弩滩以下河段河宽增加,河道相对顺直,两岸多为石质或粒径较大的卵石。

本河段内滩险众多,且多为石质滩险。河床中岩盘边滩大,崎岖不平,或断开或成片达数公里,孤石星罗棋布,航道狭窄弯曲,水流湍急。如飞凤角浅滩段相对顺直,但沿程有凸出的边滩挤压枯水航槽,边滩顶高程在21～25m之间,控制着枯水航槽的走向,使得航道形成明显的"S"形走向;滩中段河道左侧为一较大深槽,深槽内又存在一礁石岩盘,受边滩约控和深槽吸流共同影响,枯水水势迅急并形成范围较大的回流,同时受下游左岸边滩的顶托,该滩段水域浪大、流急、水流紊乱。铜鼓滩滩中段亦有近百米宽拦干石横亘阻隔于河道中右侧,下游河床呈现强烈水动力条件下不规则冲刷坑,同时河床礁石密布,水流条件复杂;本河段河道时而宽浅,时而由于两侧为基岩边滩,受边滩约束冲刷而形成窄深型河道,复杂的河床形态导致了复杂的水流形态,都进一步加剧了航道条件的复杂性,为航道整治带来更大难度。

复杂的航道条件开展航道整治必然会带来上游水位的降落,因此目前情况条件下无法将Ⅴ级航道提高至Ⅱ级航道,该工程的实施需要在大藤峡枢纽建成之后才能实施,目前整治时机还不成熟。

(2) 梯级水位不衔接

本河段处于大藤峡水利枢纽的下游、长洲枢纽回水变动区末端之间的脱水段,梯级水位不衔接,因此该河段除了具有天然河道的特性,还具有枢纽下游近坝段河道特性,受大藤峡枢纽调度运行影响作用突出,因此在开展航道整治时要同时考虑大藤峡枢纽运行的影响,航道整治工程需要与枢纽通航设施结合考虑。整治措施要在满足航道通航条件的基础上,有效控制上游滩头水位的降落,保证枢纽船闸下游闸槛水深满足安全通航要求。

梯级枢纽的建设对近坝段通航水流条件影响非常大,因此,在开展类似工程研究时,应将枢纽和下游航道作为一个整体进行研究。

(3)航道等级提升幅度大

本河段航道等级目前为Ⅴ级(单线),要提升至Ⅱ级或更高等级的航道存在一定的难度。一方面河床形态复杂,航道条件较差,部分滩险碍航情况严重,难以得到根本解决;另一方面滩险众多,各滩碍航特性各异,整治原则不尽相同,且滩险之间相互影响,相互制约,单滩的整治必然引起上下游滩险水力因素的巨大改变,对本河段的滩险整治提出了复杂的技术要求;此外,本河段位于枢纽下游,高等级、大规模的航道整治必然引起坝下水位的下落,口门区水位的保证是关键问题。

2)总体整治原则

针对以上研究河段复杂的河床形态、湍急的水流、复杂的航道条件以及航道等级提升幅度大、梯级水位不衔接的特点,在充分揭示各滩险急、险、浅或多因素并存的碍航特征的基础上,提出了"上下兼顾、疏浚航槽、炸扩断面、清理碍航礁石"的整治原则。

3)技术总结

(1)针对多滩相互关联、相互制约,采取由下游羊栏滩自下而上逐滩整治、上下兼顾的整治研究措施。

大藤峡坝下非衔接段滩险碍航特性各异,滩险之间相互影响,相互制约,因此如何根据各滩具体滩性分析及碍航特点,合理制定整治措施,并上下游统筹兼顾,相互协调,做到局部滩险整治总体布局,保证长河段综合整治效果,减少对邻近滩险及口门区水位的影响是本章内容的重要技术难点。

本章通过在总体设计方案基础之上,采取由下游羊栏滩自下而上逐滩整治的方案研究,一方面尽可能最优化各滩的整治方案,保证整治效果,同时也可掌握和了解各滩某种整治方法可能产生的影响,以此评判其整治效果的优劣。最终在各滩独自整治方案基础之上形成总体方案,通过非衔接段长河段石质滩群整治的船模试验,提出了本河段最优化整治的总体方案,保证了非衔接段的急险浅并存、多滩相连的山区长河段航道整治技术问题。

(2)针对飞凤角航道狭窄、弯曲、流急的特性,通过炸除礁石、切除边滩,并开挖复式断面,达到调顺航线、降低航槽流速,并有效规避不良流态的目的。

飞凤角交错对立的边滩及深槽使得滩段航道枯水期狭窄弯曲,呈明显的"S"形,通航条件较差,通过切削边滩并开挖复式断面,有效扩大过流断面,实现了调顺航线使水流自左岸连接段航道至右侧主航道的平顺衔接,同时进一步规避不良流态的影响,保证船舶在复杂流态条件下快速上滩,达到安全通过滩段的效果。

(3)通过切除凸嘴、炸扩断面解决鹅蛋滩流急碍航状况。

鹅蛋滩左右岸边滩对峙分布,滩段形成卡口断面,局部水头落差大,导致水流湍急,通过切除右岸凸嘴及滩段大范围炸扩断面的整治措施,有效降低中水期流急状态,同时充分利用中洪水期左岸缓流区的充裕水深条件实现上滩,有效改善了本滩中洪水期的碍航情况。

(4)通过汊槽扩大分流及滩前分散主流的措施解决汇流口河段流急碍航问题。

汇流口河段往往由于交汇角不良、流态紊乱而使航行条件恶劣,泥沙淤积而使航道尺度不足,形成碍航滩险。汇流口河段涉及因素机理十分复杂,需要研究、分析、弄清干流与支流的水、沙特性以及干流、支流的相互影响,从而把握不同汇流情况下汇河口水流、泥沙特性,河床演变规律,滩险成因、机理,治理原则、方法以及关键技术。

①充分分析汇流口两江汇流特性选择羊栏滩不利工况。

本滩处于黔江、郁江汇合口,其滩况与两江汇流情况紧密相关,通过分析天然情况下两江的来流情况,并结合前期已有的研究成果以及考虑到研究河段的最不利条件,即黔江流量明显大于郁江流量情况开展研究,能够比较真实地反映滩段在各级流量组合下的比降特征,或者流速、流态特征。

②采用汊槽扩大分流及滩前切滩、疏散主流的整治措施。

本滩主航槽各水期分流占据主导地位及因地形因素影响导致的主航槽主流集中要素为导致主航道内流急的根本原因,通过围绕右汊、中槽分流比而开展的加大中槽分流措施以及围绕主航槽单宽流量分布而开展的滩前切除边滩措施都提出了行之有效的解决办法,极大改善了本滩的中洪水期流急状况。

6.6 大藤峡不利泄水条件应对措施研究

大藤峡枢纽建成后,由于其单级设计水头可达到40m左右,因此枢纽调度对下游口门区及航道的航行条件也必然会产生一定的影响。为此,通过整体定床水工物理模型开展了大藤峡不利泄水对下游航道影响研究,选用不利泄流条件分别研究了其对Ⅱ级航道和Ⅰ级航道的影响,根据研究结果寻求相应的应对措施,为枢纽设计单位和航运主管部门提供参考。

6.6.1 Ⅱ级航道不利泄流试验

1)试验工况

根据大藤峡枢纽的水库调度方式,以及枢纽建设推荐方案的平面布置,初步拟定了基于电站以及电站和枢纽局部开启相结合条件下的几种枢纽不利的泄流工况,以研究对下游航道通航条件的影响,试验工况见表6-9。

Ⅱ级航道枢纽不利泄流试验工况表　　　　　表6-9

组次	枢纽电站开启方式	下泄流量(m³/s)	坝上水位(m)	闸孔开度	备注
工况1	左岸厂房2号机组开启	886.5	61.0	—	电站
工况2	右岸厂房1号机组开启			—	
工况3	右岸厂房3号机组开启			—	
工况4	右岸厂房5号机组开启			—	
工况5	左岸厂房3机组集中开启	2 660	61.0	—	
工况6	右岸厂房5机组集中开启	4 430	59.5	—	
工况7	机组满发	7 092	59.5	—	

续上表

组次	枢纽电站开启方式	下泄流量（m³/s）	坝上水位(m)	闸孔开度	备注
工况 8	8 机组＋1～5 孔泄水闸	10 000	57.5	1～3 号 4m,4 号 3m,5 号 2m	电站＋枢纽
工况 9	8 机组＋6～10 孔泄水闸			6,7 号 3m,8～10 号 2m	
工况 10	8 机组＋11～15 孔泄水闸			11～13 号 4m,14 号 3m,15 号 2m	
工况 11	8 机组＋18～22 孔泄水闸			18～20 号 4m,21 号 3m,22 号 2m	
工况 12	8 机组＋1～14 孔泄水闸	15 000	55.5	1～14 号 4m	
工况 13	8 机组＋8～22 孔泄水闸			8～22 号 4m	

2）不利泄流对下游航道影响

考虑到枢纽不利泄流对近坝段，尤其是口门区及连接段航道带来的影响应为最大，因此在引航道口门区及连接段航道布测 3 个流速测点，以观测该区域流速情况，同时观测了各工况条件下坝下游流场及水动力轴线变化。

(1) 口门区及连接段流速流态

①机组单发。

流量为 886.5m³/s 时，机组单发。试验结果表明，隔流墙堤头下游 50m、100m、200m、300m、500m 处纵横向流速均相差不大，即机组单发时各工况对下游口门区及连接段通航条件的影响没有明显区别；除个别测点外，口门区及连接段水流条件均满足规范要求，通航水流较好。

②左、右岸厂房过流。

工况 5～工况 7 均为电站发电调度，下泄流量不大，下泄水流同样受到卡口处地形的强力控导，使得因电站下泄形成的主流重新得到调整，至口门区及连接段航道时经过长达 1.5km 距离，水流基本恢复原态，因电站开启方式不同对下游影响较小。

工况 5 左侧 3 台机组集中开启时，口门区及连接段通航水流基本满足通航要求，仅在外导流墙堤头下游 300m 处横向流速略有超标，达到 0.33m/s；工况 6 右侧 5 台机组集中开启时，导流墙堤头下游 300m 处横向流速达到 0.35m/s，同时口门区内形成强度在 0.3～0.4m/s 的回流区域；8 台机组同时开启时，水流动力条件增强，导流墙堤头下游处 300～500m 范围内横向流速远远超标，达到 0.55m/s 以上，且回流强度及范围也有所增长。

③机组满发、泄水闸不同方式开启。

流量为 10 000m³/s 时，此时机组满发，泄水闸按照平面布置分 4 组进行集中开启（闸孔开度控制在 4m 之内），各工况下口门区及连接段各测点处纵、横向流速变化均不大，变化幅度均在 0.1m/s 以内。由此表明，枢纽各种不利泄流条件下对下游通航条件影响区别不大，但此时口门区及连接段区域水流指标均已大大超出规范，最大横向流速接近 0.6m/s。

流量为 15 000m³/s 时，与 10 000m³/s 时情况一致，此时两种工况下口门区及连接段水流条件没有太大区别,但口门区及连接段通航水流条件均远远超过规范要求,同时由于水动力条件增强,流速超标情况较 10 000m³/s 更为严重。因此在开展大藤峡水利枢纽工程设计研究时,应对该区域开展更为深入细致的研究工作,以解决口门区通航水流条件问题。

(2)流速及主动力轴线变化

机组单发时,枢纽下游近 20m 深的深槽起到较大的缓冲作用,有效消除了电站下泄水流动能,电站下游段表流较为平缓,流速在 1.5m/s 以内;坝下 1km 处右侧为一长约 700m、宽 250m 边滩侵入河道,河宽急剧缩窄,且河床底高程逐渐抬升,加之下游整治造成水位降落,导致此处形成跌流,上游不同来流均得到调整,因此下游表面流场分布趋于一致,差值均在 0.1m/s 以内,此时口门区及以下河段流速较缓,满足通航要求。此时自卡口进口处即由于河势受到强有力控导,其走向也基本一致,由此可知机组单发时各工况对下游通航水流条件影响区别不大,下游通航条件较好。

左岸厂房 3 台机组同时开启时,坝下表流接近 4.0m/s,之后水流扩散,至坝下 1km 卡口上游时流速降至 2.5m/s,此后同样受到卡口影响,流速又急剧上升至 5m/s 以上,之后河道放宽,流速趋缓,口门区及以下河段流速均在 3.0m/s 以下;右岸厂房 5 台机组同时开启时,与上述情形大致相同,卡口以下水流逐渐分散,除口门区及连接段存在流速超标情况外,其余河段通航水流条件均较为良好,口门区及连接段主要与该区域工程布置有关,受上游电站开启影响已经不大;8 台机组同时开启时,下游河段均存在流速偏大情况,但表面流场分布与天然情形基本一致。

机组满发、泄水闸分不同方式开启时,工况 8~工况 11 以及工况 12、工况 13 其主动力轴线分别自坝轴线以下 1.8km、2.5km 其走向即趋于一致,流场分布也大致相同,表明枢纽各种不利泄流对距离坝轴线以下 3km 的口门区以及下游河道通航条件影响基本不大。

研究表明,枢纽各种不利泄流方式在枯水期对坝下游河段的影响距离较近,在中洪水期相应影响距离较远,由于口门区及以下河段卡口处地形因素及长距离的调整,相同流量下不同工况组合对下游通航水流条件的影响不大。

6.6.2 Ⅰ级航道枢纽不利泄流试验

1)试验工况

根据Ⅱ级航道枢纽不利泄流试验结果,可知电站单孔开启时对坝下段影响距离较近,口门区及以下航道通航条件较好,基本不受下泄水流影响,因此电站单孔开启方式在本次Ⅰ级航道枢纽不利泄流试验不再予以考虑;其余枢纽泄流方式与Ⅱ级航道相同,试验工况见表 6-10。

Ⅰ级航道枢纽不利泄流试验工况表　　　表 6-10

组次	枢纽电站开启方式	下泄流量(m³/s)	坝上水位(m)	闸孔开度	备注
工况 1	左 3 电站集中全开	2 660	61.0	—	电站
工况 2	右 5 电站集中全开	4 430	59.5	—	
工况 3	8 电站集中全开	7 092	59.5		

续上表

组次	枢纽电站开启方式	下泄流量(m³/s)	坝上水位(m)	闸孔开度	备注
工况 4	8 电站+1~5 孔泄水闸	10 000	57.5	1~3 号 4m,4 号 3m,5 号 2m	电站+枢纽
工况 5	8 电站+6~10 孔泄水闸			6,7 号 3m,8~10 号 2m	
工况 6	8 电站+11~15 孔泄水闸			11~13 号 4m,14 号 3m,15 号 2m	
工况 7	8 电站+18~22 孔泄水闸			18~20 号 4m,21 号 3m,22 号 2m	
工况 8	8 电站+1~14 孔泄水闸	15 000	55.5	1~13 号 4m	
工况 9	8 电站+8~22 孔泄水闸			9~22 号 4m	

2) 不利泄流对下游航道影响

Ⅰ级航道枢纽不利泄流试验观测内容与Ⅱ级航道相同,于下游引航道口门区及连接段航道布测 5 个流速测点,测量外导航墙下游 50m、100m、200m、300m、500m,以观测该区域流速,同时试验观测了各工况条件下坝下游流场及水动力轴线变化。

(1)口门区及连接段流速流态

①机组集中开启。

工况 1~工况 3 为电站发电调度,下泄主流也同样受制于下段卡口处地形的强力控导,且经过下游深槽及长距离的调整,至口门区及连接段航道时水流基本恢复至原始流态,因电站集中开启形成的不利水流条件对口门区及下游通航条件的影响已基本消失殆尽。

左侧 3 台机组集中开启时,在外导流墙堤头下游 300m 处小范围内横向流速略有超标,达到 0.32m/s;下游随着水流逐渐调整,水流与航槽交角变小,横向流速逐渐减小并消失;相应该区域回流强度与范围也较小,该工况条件下口门区及连接段通航水流较好。

右侧 5 台机组集中开启时,口门区及连接段横向流速均有所增长,但横向流速超标区域仍位于外导流墙堤头下游 300m 处小范围内,达到 0.36m/s;同时回流强度与范围也增大,达到 0.34m/s 以上,该区域水流条件呈现恶化的趋势。

8 台机组同时开启时,水动力条件持续增强,此时口门区及连接段区域正处于上游来流顶冲位置,是上下游河道水流的转折点,导致该区域水流条件继续恶化,自导流墙堤头下游处 300~500m 范围内横向流速远远超标,均在 0.5m/s 以上;同时回流强度及范围也有所增长,导流墙堤头下游处 100~300m 范围内回流流速接近 0.4m/s。

②机组满发、泄水闸不同方式开启。

当枢纽下泄流量为 10 000m³/s 时(机组满发、不同区域泄水闸集中开启时),各工况条件下口门区及连接段各测点处纵、横向流速变化均不大,变化幅度也均在 0.1m/s 以内,但相较Ⅱ级航道而言,其流速略有减小,基本上该流量下枢纽各种不利泄流条件下对下游通航条件影响不大,但此时口门区及连接段区域水流指标超出规范要求;流量为 15 000m³/s 时,两种工况下口门区及连接段水流条件也基本没有太大区别。

(2)流速及主动力轴线。

根据各工况条件下坝下游河道流速及主动力轴线变化,可分析得出:

单机组发电调度时,与Ⅱ级航道枢纽下泄情况基本相同,下泄水流受到坝下卡口影响,之后水流逐渐分散并逐步恢复至常态,至口门区及连接段以及下游航道时,受上游电站开启影响已经不大,河道流速分布与天然情形也基本一致。

机组满发、泄水闸分不同方式开启时,即流量为 10 000m³/s 和 15 000m³/s 工况下流场分布及主动力轴线在坝轴线以下 1.8km、2.3km 其走向即趋于一致,流场分布也大致相同,与Ⅱ级航道枢纽不利泄流基本相同,同样表明该种条件下枢纽不利泄流对口门区以及下游河道通航条件影响基本不大。

6.7 本章小结

(1)根据预测,2020 年、2030 年、2040 年大藤峡水利枢纽船闸过闸货运量(双向)分别为 2 554万 t、4 527 万 t、5 646 万 t;建议大藤峡水利枢纽采用 3 000t 级船模建设规模,船闸有效尺度为 340m×34m×5.8m。

(2)滩险特性分析表明,飞凤角为枯水急滩,鹅蛋滩为中洪水急滩;铜鼓滩为枯水浅滩;羊栏滩为洪水急滩。

(3)枢纽建设对下游航道影响不大,但对下游口门区航道通航水流条件还是有所影响,洪水期水流取直,水动力轴线较为平顺,枢纽建设对下游河段影响逐步减小。

(4)针对研究河段复杂的河床形态、湍急的水流、复杂的航道条件以及航道等级提升幅度大、梯级水位不衔接的特点,在充分揭示各滩险急、险、浅或多因素并存的碍航特征的基础上,提出了"上下兼顾、疏浚航槽、炸扩断面、清理碍航礁石"的整治原则。

(5)根据本河段多滩相互关联、相互制约的特点,采取由下游羊栏滩自下而上逐滩整治、上下兼顾的整治措施。

(6)针对飞凤角航道狭窄、弯曲、流急的特性,通过采取炸除礁石、切除边滩并开挖复式断面,达到调顺航线、降低航槽流速,并有效规避不良流态的目的。

(7)在充分分析汇流口两江汇流特性选择羊栏滩不利工况的基础上,采用汊槽扩大分流及滩前切滩、疏散主流的整治措施,解决汇流口河段流急碍航问题。

(8)根据大藤峡枢纽的水库调度方式,以及枢纽建设推荐方案的平面布置,初步拟定了基于电站以及电站和枢纽局部开启相结合条件下的几种枢纽不利的泄流工况,观测因船闸下游引航道口门区及连接段航道的流速分布,结果表明枢纽不利泄流对口门区以及下游河道通航条件影响不大。

(9)航道尺度研究结果表明,当航宽在 90m 以下时,与Ⅱ级航道 80m 航宽相比,坝下河段水位降幅不明显,100m 航宽时坝下水位最大降幅达到 0.1m,120m 航宽时坝下水位最大降幅达到 0.3m。控制航宽能够较为有效地控制研究河段的水位降落。

(10)航道方案试验结果表明,采用综合整治措施能够将航道提高至Ⅱ级和Ⅰ级,整治工程实施后,设计流量条件下尾门控制水位为19.72m时,下游口门处水位分别为21.48m和21.47m,较天然水位下降1.93m和1.94m。

(11)船闸下游口门区存在枯水期局部比降大、洪水期横流大的问题,因此在相关单位开展枢纽设计工作时,应重视此问题。

7 结 束 语

7.1 主要研究结论

本书采用现场踏勘、资料分析、模型试验和数学模型计算相结合的多种研究手段,围绕西江航运干线航道通航标准、长洲枢纽坝下航道和大藤峡枢纽坝下航道通航条件、百色升船机中间渠道设置和多枢纽多船闸联合调度运行等关键问题开展了深入研究,取得如下研究成果:

7.1.1 西江航运干线高等级航道通航标准研究

(1)西江航运干线跨河桥梁通航净空尺度分析结果表明,航道规划等级的提升是目前跨河桥梁不满足Ⅰ级航道净空尺度要求的主要因素。

(2)已建桥梁适航条件研究结果表明,广东段经过肇庆西江大桥和德庆西江大桥的船舶应在2年一遇洪水流量以下时通航,其他区域桥梁净高满足20年一遇18m净高尺度要求。广西段只能满足2年一遇水位13m净高尺度要求。

(3)对于新建跨河桥梁,提出西江航运干线南宁至长洲枢纽段设计最高通航水位洪水重现期应采用5年,长洲枢纽至肇庆河段采用20年,通航净高均不小于18m;通航海轮的肇庆以下河段,其通航净空尺度按照《通航海轮桥梁通航标准》(JTJ 311—1997)论证确定。

7.1.2 基于多梯级多线船闸联合调度技术提升长洲枢纽船闸通航能力研究

(1)依托西江信息化建设情况(包括网络、通信、信息系统等),研发了"广西西江多梯级、多线船闸联合调度平台软件",并以该平台软件为主要智能调度载体,服务于航运管理部门,规范了调度管理行为,提升了航运管理部门的综合管理水平和服务能力,为保障西江安全、畅通提供了技术支撑。

(2)以总体调度规则为指导,面向多梯级多线船闸联合调度的功能需求,参考待过闸船舶权重设定方案,将闸室排布问题抽象成数学问题,提出了单闸闸室自动排布算法,为通航管理提供辅助决策支持,在提高闸室使用率的同时,有效降低了人为因素对枢纽通航公平性的影响,通过数据验证,闸室平均利用率达到80%以上。

(3)以西江黄金水道干线主要船闸、港口为控制节点,以航运船舶为调度主体,通过分析船闸枢纽、港口、在行船舶的实际情况,结合各船闸的通过能力、港口吞吐能力,提出了多梯级调度算法,算法可为航运管理部门自动生成保障航运资源的优化利用的联合调度方案。

7.1.3 长洲枢纽日调节、压咸调度和下游河床下切对航运影响及航道治理措施研究

(1)长洲枢纽日调节、压咸调度典型过程计算表明,坝下三滩河段为水位变化的分界区,水

力因素变化最小,三滩上游河段水位变化主要受枢纽调节非恒定流影响,水位变化幅度沿程逐渐减小;三滩下游河段主要受潮汐过程影响,水位变化幅度沿程逐渐增大。

(2)长洲枢纽运行后,对航运的主要影响是枯水位下降,一二线船闸下引航道航深不足,一二线船闸通过能力降低。坝下河段枯水水位呈非线性下降,目前枢纽清水下泄引起的水位下降趋势趋缓,人工采沙和航道整治等人类活动对坝下水位影响突出。在长洲枢纽建成前,受河床演变和人工挖沙影响,梧州水文站年水位降幅约为0.05m;长洲枢纽建成后,受清水下泄、采沙和航道疏浚的影响,梧州水文站年水位降幅在0.2~0.5m之间;梧州水文站设计水位由枢纽运行前的3.20m,至2007年水位降为2.65m,至2012年水位降为1.90m,枢纽运行后水位下降了1.3m左右。

(3)利用数学模型和物理模型分析了水位下降及挖沙对近坝段设计水位的影响程度。长洲枢纽至界首段挖沙主要影响近坝段水位降落,而对梧州水文站的影响相对较小;界首至罗旁段挖沙主要影响梧州水文站水位降落,但对坝下水位影响不大;罗旁至肇庆河段挖沙对近坝段及梧州水文站水位降落影响不明显。

(4)长洲枢纽坝下60km河段3 000t级航道整治方案实施后,航道尺度及通航水流条件均满足要求;3 000t级航道整治引起三滩滩头水位最大降幅0.05m左右,梧州水文站水位降低0.09m,坝下1.5km处水位降落0.47m。动床模型试验表明,整治工程实施一年后,航道尺度仍满足3 000t级航道要求,即通过航道整治可以达到3 000t级航道标准。

(5)长洲坝下采用整治丁坝、深槽回填、壅水丁坝等常规工程措施壅水作用有限,只能部分抵消航槽开挖而引起的水位降落,但很难大幅度抬高河段枯水位,从而彻底解决长洲枢纽坝下沿程枯水位下降的问题。长洲枢纽至界首河段两个组合整治方案实施后,经过2008年水沙过程,河段河床深槽、边滩的位置和范围虽然未发生很大变化,但断面平均冲深为0.20~0.60m,设计流量下水位下降1.0~7.0cm,航槽较稳定。近坝段定床输沙试验结果显示:泥沙淤积主要发生在一二线、三四线口门区及连接段,西江三桥上下游过渡段航槽内,其余河段航道内泥沙在枯水期均得到有效冲刷。

(6)采用枢纽调节、提高内外江分流比等非工程措施时,综合整治方案一条件下,当枢纽下泄流量提高至1 300m³/s时,沿程水位已基本恢复至工程前水位(相应于$Q=1\,090\text{m}^3/\text{s}$);综合整治方案二时,当枢纽下泄流量提高至1 180m³/s时,外江分流比由现有的77.5%增大至90.8%时,沿程水位已基本恢复至工程前水位。

(7)长洲枢纽坝下河段3 000t级航道整治是可行的,通过整治可以达到4.1m×90m×670m(航深×航宽×弯曲半径)的航道要求。长洲三线四线船闸建设完成后,在设计流量下因下引航道开挖引起的水位降落值为0.17m(下围堰65号水尺处),相应水位为2.93m(56黄海高程);按3 000t级航道尺度整治坝下航道后,在设计流量下水位降落约0.64m,相应水位为2.45m(56黄海高程),3 000t级航道整治不影响长洲三线四线船闸运行。3 000t级航道实施后,对一线二线船闸目前的通航保证率有所影响。

7.1.4 百色枢纽升船机中间渠道通航关键技术研究

(1)百色枢纽中间渠道中,船舶在各航速下,渡槽内的最大水位壅高值均小于50cm,满足渡槽结构设计要求。船舶下沉量试验结果表明,1 000t级船舶采用3.0m/s的航速航行及会船,也有64.8cm的富余水深,富余水深满足设计要求。渠道内的回流流速总体不大,对航行基本无影响。阻力试验结果表明中间渠道内的航行速度应小于2.5m/s较为合适。

(2)百色中间渠道交会时的航线设定宜采用上行走右航线、下行走左航线的方式,从会船航态试验看,船舶能在直线段安全会船。

(3)综合满足枢纽通过能力的航速要求分析,以及船舶以不同航速在中间渠道内航行时的船行波、航行下沉量、船周回流、航行阻力和航态试验,建议百色中间渠道内的船舶航速取2.0～2.5m/s。

(4)中间渠道经济断面尺度研究确定好中间渠道的通航方式后,渠道的尺度主要受船行波、航速、会让方式、航行阻力、升船机通过能力、船舶操纵性能等因素影响,其中航速和会让方式是主要因素。

(5)结合国内外有关限制性航道通航条件的科研成果和工程经验,提出中间渠道A、B、C三类的参考尺度,根据已有研究成果,提出中间渠道尺度的确定原则。

7.1.5 大藤峡枢纽下游水位末衔接段航道整治技术研究

(1)根据预测,2020年、2030年、2040年大藤峡水利枢纽船闸过闸货运量(双向)分别为2 554万t、4 527万t、5 646万t;建议大藤峡水利枢纽采用3 000t级船模建设规模,船闸有效尺度为340m×34m×5.8m。

(2)针对研究河段复杂的河床形态、湍急的水流、复杂的航道条件以及航道等级提升幅度大、梯级水位不衔接的特点,在充分揭示各滩险急、险、浅或多因素并存的碍航特征的基础上,提出了"上下兼顾、疏浚航槽、炸扩断面、清理碍航礁石"的整治原则。根据本河段多滩相互关联、相互制约的特点,采取由下游羊栏滩自下而上逐滩整治、上下兼顾的整治措施。

(3)在充分分析汇流口两江汇流特性选择羊栏滩不利工况的基础上,采用汊槽扩大分流及滩前切滩、疏散主流的整治措施解决汇流口河段流急碍航问题。

(4)根据大藤峡枢纽的水库调度方式,以及枢纽建设推荐方案的平面布置,初步拟定了基于电站以及电站和枢纽局部开启相结合条件下的几种枢纽不利的泄流工况,观测因船闸下游引航道口门区及连接段航道的流速分布,结果表明枢纽不利泄流对口门区以及下游河道通航条件影响不大。

(5)航道尺度研究结果表明,当航宽在90m以下时,与Ⅱ级航道80m航宽相比,坝下河段水位降幅不明显,100m航宽时坝下水位最大降幅达到0.1m,120m航宽时坝下水位最大降幅达到0.3m。控制航宽能够较为有效控制研究河段的水位降落。

(6)航道方案试验结果表明,采用综合整治措施能够将航道提高至Ⅱ级和Ⅰ级,整治工程实施后,设计流量条件下尾门控制水位为19.72m时,下游口门处水位分别为21.48m和21.47m,较天然水位下降1.93m和1.94m。

7.2 建　　议

(1)受规划调整的影响,西江航运干线通航尺度进行多次升级调整,致使已建跨河建筑物的通航尺度难以适应新航道的要求,建议针对通航标准开展专题研究,为西江航运干线通航标准制定提供更完善的技术支撑。

（2）船舶动态信息采集受 AIS 限制，在未装有 AIS 终端的船舶，信息采集困难，如条件允许考虑拓宽船舶信息采集手段，在下阶段开展西江黄金水道建设中需深入研究多源船舶动态信息融合方法。

（3）系统对调度对象的信息服务功能，在项目研制阶段受电信运营商的限制，在跨运营商进行短信服务时，存在一定的发送丢失现象，利用短信发送器等设备又在一定时间内，只能发送有限数据短信，不能满足实际调度需要。另考虑项目在得到必要资金支撑的情况下，实现基于多平台智能手机 APP 的 3G/2G 网络的信息发布功能。

（4）西江船闸众多，加之存在投资、管理等问题，急需建立统一调度的保障体制和机制，以确保联调系统发挥作用。

（5）长洲枢纽下游航道目前还未达到冲刷平衡，建议航运主管部门加强水文泥沙资料的观测，为今后的工程建设提供翔实的基础资料。

（6）百色枢纽升船机下游引航道所处河段地形复杂，水流条件受百色枢纽和东笋枢纽调度的共同影响，使得下游引航道口门区航道和连接段航道通航水流条件异常复杂。根据现场踏勘并结合升船机总体布置图可知，升船机下游引航道出口处与主航线衔接段角度较大，两岸礁石出露，对船舶航行安全有不利影响。建议有关部门开展下游引航道通航条件的专题研究，为工程总体布置提供技术支撑。

（7）大藤峡船闸下游口门区及连接段航道通航水流条件表明，该区域目前方案条件下仍存在较大的流速超标问题，建议在大藤峡枢纽总平面布置工作中应对该区域开展更为深入细致的研究工作，以解决口门区通航水流条件问题。

参 考 文 献

[1] 中华人民共和国国家标准.GB 50139—2014　内河通航标准[S].北京:中国计划出版社,2015.
[2] 中华人民共和国行业标准.JTJ 312—2003　航道整治工程技术规范[S].北京:人民交通出版社,2004.
[3] 杜敬民,普晓刚.西江航运干线高等级航道通航标准研究报告[R].南宁:广西壮族自治区港航管理局,2014.
[4] 张钊,朱静.基于多梯级、多线船闸联合调度技术提升长洲枢纽船闸通航能力研究报告[R].北京:交通运输部水运科学研究院,2013.
[5] 曹民雄,王秀红.长洲枢纽日调节、压咸调度和下游河床下切对航运影响及航道治理措施研究[R].南京:南京水利科学研究院,2013.
[6] 李焱,刘俊涛.百色水利枢纽升船机中间渠道通航条件物理模型试验报告[R].天津:交通运输部天津水运工程科学研究所,2014.
[7] 赵家强,李少希.大藤峡枢纽下游水位未衔接段航道整治技术研究报告[R].天津:交通运输部天津水运工程科学研究所,2014.
[8] 冯宏琳.西江航道尺度开发潜能研究[J].交通科技,2005(6).
[9] 郑仲娥.内河通航标准的实践应用[J].中国水运,2008(10).
[10] 李旺生.长洲水利枢纽三线四线船闸右岸方案联合调度和上游公路铁路大桥桥区航道通过量专题研究报告[R].天津:交通运输部天津水运工程科学研究所,2009.
[11] 刘俊涛.长洲水利枢纽三线四线船闸初步设计阶段整体水工模型试验报告[R].天津:交通运输部天津水运工程科学研究所,2010.
[12] 冯小香.长洲水利枢纽三线四线船闸初步设计阶段下游最低通航水位数学模型研究报告[R].天津:交通运输部天津水运工程科学研究所,2010.
[13] 黎国森,刘俊涛.郁江口及羊栏滩汇流段航行水流条件改善措施研究报告[R].天津:交通运输部天津水运工程科学研究所,2008.
[14] 唐存本,张思和.西江龙圩水道航道整治试验分析研究一——龙圩水道河性分析[J].水利水运科学研究,1987(2).
[15] 唐存本,张思和.西江龙圩水道航道整治试验分析研究二——河工模型试验[J].水利水运科学研究,1988(4).
[16] 梁尚荣.西江龙圩水道汊流浅滩整治效果分析[J].珠江水运,1999(11).
[17] 杜国仁,李一兵.三峡工程坝区通航水流条件标准试验研究(Ⅰ)~(Ⅵ)[R].天津:交通运输部天津水运工程科学研究所,1991~1995.
[18] 雷雪婷.广西浔江长洲水利枢纽坝下河床冲刷研究[D].南京:河海大学,2006.
[19] 张钊,费一楠,张澍宁,等.基于RFID的船舶过闸报道系统[J].计算机应用,2010(2).
[20] 刘雯丽.贪婪算法在船闸编排问题的应用[J].电脑知识与技术,2011(10).
[21] 孙波,齐欢,张晓盼,等.三峡—葛洲坝联合调度系统闸室编排快速算法[J].计算机技术

与发展,2006(12).
[22] 但堂咏,熊英,刘守善.基于动态规划的梯级船闸营运调度优化[J].交通与计算机,2004(02).
[23] 李焱,郑宝友.龙滩升船机中间渠道和渡槽通航条件模型试验研究报告[R].天津:交通运输部天津水运工程科研所,2005.
[24] 李焱,郑宝友.乌江构皮滩三级升船机中间渠道(含渡槽、隧洞)通航条件物理模型试验研究报告[R].天津:交通运输部天津水运工程科研所,2009.
[25] 岩滩水电站升船机论文专辑[J].红水河.1999.
[26] 孟祥玮,周华兴.船闸中间渠道通航条件试验研究报告[R].天津:交通部天津水运工程科研所,2005.
[27] 刘清江,赵德志.渡槽通航条件试验研究报告[R].天津:交通运输部天津水运工程科研所,2005.
[28] 陈汉宝,刘清江,戈龙仔,等.中间渠道与渡槽通航条件数值模拟研究报告[R].天津:交通运输部天津水运工程科研所,2005.
[29] 须清华.通航建筑物应用基础研究[M].北京:中国水利水电出版社,1999.
[30] 长江航道局.航道工程手册[M].北京:人民交通出版社,2004.
[31] 王水田.关于船行波问题的研究[J].水道港口.1980~1981,(1)-(3).
[32] 乔文荃.苏南运河船行波试验研究[R].南京:南京水利科学研究院,1993.
[33] 邓年生,王柄奇.弯道航道平面尺度研究[J].水运工程,2004,2.
[34] 赵德志,刘清江,郑宝友.两级升船机带中间渠道布置和船舶运行方式[J].水利水运工程学报,2005增刊.
[35] 穿黄渡槽方案模型试验报告[R].天津水运工程科研所,上海船舶运输科研所,1979.
[36] 华东水利学院,重庆交通学院.渠化工程学[M].北京:人民交通出版社,1985.
[37] 荷兰delft水工所.内陆通航运河设计指南[M].中国工程建设标准化协会水运工程委员会,译,1991.
[38] я.и.沃伊特昆斯基.船舶阻力[M].北京:科学出版社,1977.
[39] 孙精石.关于升船机的调查研究报告[R].天津:交通运输部天津水运工程科研所,2000.
[40] 三峡枢纽两级船闸设中间渠道方案涌浪及消波措施水工模型试验报告[R].天津:交通运输部天津水运工程科研所,1987.
[41] 王秉哲,解曼莹.三峡工程(175m水位)设中间渠道船闸的中间渠道内部稳定流及改善措施的试验研究报告[R].天津:交通运输部天津水运工程科学研究,1990.
[42] 张国雄,钱徐涛.船闸闸室和升船机承船厢断面系数的模型试验研究[R].上海:交通运输部上海船舶运输科学研究所,1982.
[43] 杜国仁.船闸闸室断面系数试验研究报告[R].天津:交通运输部天津水运工程科研所,1980.
[44] 杜国仁.驳船进出船闸的航行阻力的初步试验研究报告[R].天津:交通运输部天津水运工程科研所,1980.
[45] 周华兴.升船机承船厢有效尺度的分析[J].水道港口,2004(4).

[46] 周华兴.船闸闸室断面系数与阻力、航速关系的初步探讨[J].水道港口,1983(3).
[47] 船队通过长江三峡船闸时牵引力的模型试验[R].上海:上海船舶运输科学研究所,1959.
[48] 李思敏.国外升船机发展综述[A]//通航文集.南京:中国水力发电工程学会通航专业委员会,1992.
[49] 阿尼普钦科.关于船闸下游引渠消波[J].傅永清,译,邬琰琴,校.内河航运,1962(10),42-43.
[50] B.巴拉宁.船闸下游引渠消波[J].傅永清,译,冯力克,校.内河航运,1962(2),46-48.
[51] Hans-werner Partensiky.船闸灌水时引航道内的波浪[M].宗慕伟,须清华,译自 P. A. S. C. E Journal of water ways and harbors division volume 86 No. ww1 March. part 1 杨孟藩,校.
[52] 卢汉才.石质险滩航道整治经验技术研究[M].2003.
[53] 曹民雄,张定安,蔡国正.山区冲积性河流变动回水区航道整治技术研究[J].水运工程,2007(1):66-69.
[54] 姜继红,曹民雄,韦巨球,等.两江汇流段(浔江)的水力特性分析[J].人民长江,2006(11):51-56.
[55] 刘建新,程昌华.山区河流干支流汇流特性研究[J].重庆交通学院学报,1996(4):90-94.
[56] 王义安.汇流口河段干流对支流航道的影响研究[J].水道港口,1997(2):34-37.
[57] 黎国森.郁江口及羊栏滩汇流段航行水流条件改善措施研究报告[R].天津:交通运输部天津水运工程科学研究所,2008.
[58] 陆宏健,刘信华,黄伟军,等.桂平至梧州航道整治工程初步设计[R].南宁:广西壮族自治区交通规划勘测设计研究院,2003.
[59] 曹民雄,唐存本,蔡国正.石质急流滩航道整治关键技术研究[R].南京:南京水利科学研究院.2003.
[60] 曹民雄,唐存本,蔡国正.石质急流滩碍航水流的形成条件与碍航流态分析[J].水运工程,2003(10).
[61] 佘俊华,王士毅.川江典型滩险整治经验技术总结研究报告[R].重庆:长江重庆航运工程勘察设计所,2003.
[62] 廖国平.石滩整治[M].贵阳:贵州教育出版社,1997.
[63] 韦巨球.浅议汊道石质急流滩整治航槽开挖设计[A]//内河航道整治工程技术交流大会文集.北京:人民交通出版社,1998.
[64] 曹民雄,唐存本,蔡国正.船舶上滩的影响因素及动水特性试验[J].水利水运工程学报,2004.